# 50 Kräuter und Gewürze

**Heike Dommnich**


# Kräuter und Gewürze

## Verwendung – Heilwirkung - Anbau im Garten


(und weitere 50 Kräuter in zwei bis drei Sätzen)

Bibliografische Information der Deutschen Nationalbibliothek:

Die Deutsche Nationalbibliothek verzeichnet diese Publikation in der Deutschen Nationalbibliografie; detaillierte bibliografische Daten sind im Internet über http://dnb.dnb.de abrufbar.

© 2012 Heike Dommnich

Fotografien: Heike Dommnich

Herstellung und Verlag: BoD – Books on Demand, Norderstedt

ISBN: 978-3-8482-2486-9

# Inhaltsverzeichnis

---

**Kapitel 1:**

**50 Kräuter und Gewürze alphabetisch geordnet** (14)

Anis, Basilikum, Beifuß, Bockshornklee, Bohnenkraut, Borretsch, Chili, Dill, Estragon, Fenchel, Gelbwurz (Kurkuma), Ingwer, Kapern, Kardamom, Kerbel, Knoblauch, Koriander, Kreuzkümmel, Kümmel, Lavendel, Liebstöckel, Lorbeerblatt, Majoran, Meerrettich, Minze, Mohn, Muskat, Nelken, Oregano, Paprika, Petersilie, Pfeffer, Piment, Rosmarin, Safran, Salbei, Schnittlauch, Schwarzkümmel, Sellerie, Senf, Sesam, Sternanis, Thymian, Vanille, Salz, Zucker/ Honig

**Kapitel 2:**

**Weitere 50 Kräuter und Gewürze in zwei bis drei Sätzen** (74)

Agavendicksaft, Ajowan, Alant, Amchoor, Annatto, Balsamkraut, Bärlauch, Beinwell, Bertram, Bibernelle, Brennnessel, Brunnenkresse, Curryblatt, Eberraute, Eibisch, Engelwurz, Galgant, Gartenkresse, Gelbdolde, Gemeiner Hopfen, Holunder, Honigklee, Kaffee, Kakao, Kapuzinerkresse, Lakritz, Löwenzahn, Mädesüß, Märzveilchen, Mahahleb, Muskatellersalbei, Mutterkraut, Myrthe, Portulack, Rainfarn, Raute, Ringelblume, Rose, Sauerampfer, Stevia, Stockrose, Sumach, Süßdolde, Tamarinde, Teufelsdreck, Waldmeister, Wermut, Wiesenschaumkraut, Zitronengras, Zitronenverbene

# Kapitel 3:

## Allgemeines zu Gewürzen und Kräutern

## Vorwort

Duftende Kräuter und aromatische Gewürze spielen und spielten eine große Rolle im Leben eines einzelnen Menschen und in der Menschheitsgeschichte. Früher wurden Kriege geführt, um die Herrschaft über die Quellen exotischer Gewürze zu erlangen. Das ist heute nicht mehr notwendig. Pfeffer ist inzwischen preiswerter als so manches einheimische Kraut. Heute kämpfen wir einen anderen Kampf um Kräuter und Gewürze. Es gilt, ihren angestammten Platz mit ihrer Vielfalt in unserer Nahrung zu erhalten und wieder auszubauen. Angesichts von Krankheiten, die durch falsche Ernährung bedingt sind, müssen wir heute gegen einen anderen Feind kämpfen. Da ist die Lebensmittelindustrie, deren einziges Ziel darin besteht, möglichst hohe Gewinnmargen einzustreichen. Riesige Konzerne verdienen daran, dass wir uns falsch ernähren. Der zweite Feind sind wir selbst. Wir müssen gegen den inneren Schweinehund kämpfen, der uns aus Bequemlichkeit und angeblichem Zeitmangel zu Fertiggerichten greifen lässt. Wir verwenden Produkte, deren Inhalte wir nicht mehr kennen. Oder wissen Sie genau, was natürliches Erdbeeraroma ist? Wissen Sie, durch welche Stoffe die Fette in den Light-Produkten ersetzt werden? Footdesigner kreieren immer neue Produkte, nur womit? Vanillegeschmack im billigen Puddingpulver hat mit der echten Vanilleschote leider nichts mehr gemein. In einem Pulver zum Anrühren von Dillsoße kann kein frischer Dill sein. Das müssen wir schon selbst tun. Fertiges Tomatenketchup für Tomatensoße ist schnell gekauft. Doch wissen Sie, wie viel Zucker Sie da auf dem Teller haben? Es geht auch anders. Sie können Ihre Tomatensoße mit frischen Tomaten und den richtigen Kräutern und Gewürzen zubereiten. Am Ende haben Sie gar nicht so viel Zeit benötigt und es schmeckt noch dazu besser. Ganz zu schweigen vom Unterschied, den es für Ihre Gesundheit macht.

Zum Glück sieht es so aus, dass unsere Küchenkräuter diesen Kampf gewinnen. Gerade weil wir heute auf der Suche nach natürlichen Nahrungsmitteln sind, gewinnen die Würzpflanzen immer mehr an Bedeutung. Die Möglichkeit, in fremde Länder zu reisen und die dortigen Küchengewohnheiten kennen zu lernen, trägt dazu bei, dass auch exotische Gewürze wieder gefragt sind wie nie. Wir werden wieder würz- und experimentierfreudiger. Gastwirte aus allen Kontinenten zeigen uns direkt vor der Haustür, wie abwechslungsreich die Welt kocht. Hinzu kommt das Bewusstsein, dass fast alle Kräuter und Gewürze eine heilende Wirkung haben. Viele sind so wertvoll, dass sie in der Apotheke als Drogen zu kaufen sind. Sie werden innerlich und äußerlich angewendet. Thymian, Salbei, Kümmel, Petersilie und mehr sind uralte Heilpflanzen, die schon immer als Medizin wichtig waren. Ebenso die Gewürze aus dem Süden, wie Chili, Ingwer und andere. Sie wirken positiv auf unsere Gesundheit. Um sie richtig einzusetzen, ist es wichtig, sie zu kennen und  auszuprobieren. Somit soll dieses Buch eine Übersicht geben über 50 verschiedene Kräuter und Gewürze. Darunter sind einige allgemein Bekannte, auf die hier trotzdem nicht verzichtet werden soll. Andere sind seltener und begegnen Ihnen vielleicht im Urlaub. Wenn Sie dann exotische Gerichte nachkochen, stoßen Sie in Rezepten auf seltene Gewürze und fragen sich: „Was ist das? Lohnt es sich, dieses Gewürz zu kaufen?" Die Entscheidung müssen Sie selbst treffen. Dieses Buch soll eine Anregung sein, in der Küche offen und mutig mit Kräutern und Gewürzen zu experimentieren.

Im Hauptteil werden die einzelnen Pflanzen beschrieben. Ihre Verwendung in der Küche ist der Schwerpunkt. Zusätzlich wird kurz ihre Wirkung auf unsere Gesundheit erklärt, wobei betont werden muss, dass diese Hinweise nie den Rat eines Arztes ersetzen können. Wer krank ist gehört zum Arzt. Wer gesund ist, kann mit der richtigen Verwendung von Kräutern und Gewürzen seine Gesundheit unterstützen. Zuletzt erhalten Sie für Kräuter, die in unseren nördlichen Breitengraden wachsen, kurze Anbautipps für Garten und Kübel. Das Buch ist als Nachschlagewerk gedacht. Alle kursiv hervorgehobenen Begriffe finden Sie am Ende im Glossar erläutert. Da es weit mehr als 50 Küchenkräuter und Gewürze gibt, folgt auf den Hauptteil ein zweites Kapitel, in dem weitere 50 Pflanzen in zwei bis vier Sätzen benannt werden. Der abschließende Teil gibt zusammenfassende Hinweise zur Verwendung und Lagerung sowie einige allgemeine Tipps über Kräuter im Garten.

Ich wünsche Ihnen Freude beim Lesen dieses Buches. Möge es Ihnen helfen, aus der Vielzahl der Kräuter und Gewürze für sich die richtigen auszuwählen.


Heike Dommnich

# Der Geschmack von Gewürzen

Wie beschreibt man den Geschmack von Gewürzen? Dieser Part schien mir beim Schreiben der Schwierigste zu sein. Ein Geschmack kann süß, sauer, bitter oder salzig sein. Hinzu kommt alles, was wir als scharf empfinden. Wird ein Essen als fad beschrieben, weiß jeder, es fehlt ihm an Geschmack. Einem herzhaft-aromatischem Gericht dagegen wird es an diesem nicht mangeln. Aber wonach schmeckt es?

Jeder Leser stellt sich unter einem aromatischen Gericht etwas anderes vor. Wenn es heißt, Basilikum ist stark würzig, bedeutet das noch gar nichts. Basilikum wird geliebt oder abgelehnt. Es schmeckt eben wie Basilikum. Und so wie wir zum Beschreiben von Farben Vergleiche zu Hilfe nehmen, können wir es auch nur mit dem Geschmack von Speisen tun. Wird ein Rot als so rot wie Klatschmohn beschrieben, können Sie sich diese Farbe vorstellen. Mit der Beschreibung, dass etwas scharf wie Chili ist, können Sie ebenso etwas anfangen. Und der Vergleich, eine Speise habe das Aroma von Nelken, von Muskat, Anis oder Kümmel, hilft denen, die diese Gewürze kennen. Wer sie selten verwendet, hat nur eine leise Ahnung davon. Wird ein anderes Gewürz nun als anisartig beschrieben, kann dies nur ein unzureichender Versuch sein, dem Geschmack dieser Würze gerecht zu werden. Gerade weil Würzpflanzen einen für sie so typischen, einmaligen Geschmack und Duft haben, heben sie sich aus der Masse der Nahrungsmittel heraus. Ihre Inhaltsstoffe sind so bestimmend, dass oft kleine Mengen ausreichen, um aus einem Gericht herauszuschmecken.

Vermutlich wird dem einen oder anderen Leser hier eine genaue Geschmacksbeschreibung zu verschiedenen Pflanzen fehlen. Dieses Buch kann es Ihnen nicht abnehmen, selbst zu probieren, worin der Unterschied zwischen Kümmel, Kreuzkümmel und Schwarzkümmel besteht. Sie müssen selbst wissen oder herausfinden, was Meerrettichschärfe, Senf-, Pfeffer- oder Chilischärfe ist. Auch Gartenkresse ist scharf. Bohnenkraut wird wegen seiner Schärfe auch Pfefferkraut genannt. Deshalb schmeckt es trotzdem nicht genau wie Pfeffer. Und selbst Pfeffer ist nicht gleich Pfeffer. Frisch gemahlen ist er aromatischer und ungleich besser als gemahlen gekaufter aus dem Supermarkt. Dass ungarischer Paprika tatsächlich ausgezeichnet ist, weiß ich, seit ich in Szeged Paprikapulver kaufte. Dieser Paprika ist ganz anders, als der „normale", der bei hiesigen Händlern im Gewürzregal steht. In Portugal schenkte mir eine Bekannte einen Zweig Lorbeer, der unter der dortigen Sonne wuchs. Die Blätter sind würziger als ich es bisher kannte.

Wie wichtig Rosmarin an einem Gericht sein kann, erlebte ich in Kroatien. Wir, meine Kinder, mein Mann und ich waren eingeladen zum Grillen. Unsere Gastgeberin bereitete Chevapchichi mit verschiedenem Gemüse zu. Am Abend kamen die Zutaten in ein verschließbares Gefäß auf den Grill. Es dauerte lange bis alles gar war. Die anwesenden Kinder wurden unruhig und die Erwachsenen warteten hungrig und mit Neugierde auf das Essen. Als es dann endlich hieß, es ist gar, stand die Gastgeberin auf und holte aus dem Garten einen frischen Zweig Rosmarin. Sie legte ihn zum fertigen Essen, verschloss das Gefäß wieder und meinte, jetzt muss alles noch 15 Minuten durchziehen. Es stand fest, erst dieser Zweig Rosmarin macht das Gericht komplett. Die Selbstverständlichkeit, mit der sie die Zeit einforderte, trotz quengelnder Kinder und hungriger Gäste, hat mich damals beeindruckt. Wie soll man nun den Geschmack eines solches Gerichtes beschreiben? Typische Speisen schmecken nach diesem und jenem Kraut oder Gewürz. Anisplätzchen, Dillsoße oder Kümmelgebäck sind solche einfachen Beispiele. Der Geschmack dieser Gewürze wird vorausgesetzt, so wie ich voraussetze, dass Sie das Rot von Klatschmohn kennen.

Bei einem Buch über Gewürze und Kräuter bleibt der Part der Geschmacksbeschreibungen der, welcher am schlechtesten davonkommt. Es ist allerdings auch der Part, der Sie neugierig machen soll, sowie der, welcher in Erinnerung bringt, was Kräuter und Gewürze für unsere Speisen sind. Sie sind oft das i-Tüpfelchen in einem Gericht, das, was sich nicht beschreiben lässt, so wie der Rosmarin zum Chevapchichi.

**Gurken einlegen mit:**
**Dill, Thymian, Knoblauch, Meerrettich, Wacholder, Pfeffer, Zwiebeln,**
**Essig und Zucker und Salz**

# 50 Kräuter und Gewürze alphabetisch geordnet

Die Auswahl der hier vorgestellten Würzpflanzen erfolgte willkürlich und erhebt nicht den Anspruch, für jeden Leser richtig zu sein. Es sind häufig verwendete Küchenkräuter und Gewürze. Viele weitere Pflanzen, die im folgenden Kapitel nur kurz erwähnt werden, sind nicht weniger wertvoll. Die Beschränkung auf die Zahl 50 machte es jedoch notwendig, sich für oder gegen das eine oder andere Gewürz zu entscheiden.

## Anis

Anis (Pimpinella anisum) ist eines der ältesten angebauten Kräuter mit süßem, lakritzartigem Geschmack. Es war bekannt als Gewürz der Haremsdamen. Verwendet wird Anis heute bevorzugt zum Würzen von Süßigkeiten, Süßspeisen, Kuchen und Brot, so zum Beispiel für das berühmte Anisbrot. Anisbonbons und Anisplätzchen sind ebenso weit bekannt. Selbst für Fisch, Fenchel, Suppen, Soßen, Geflügel und Gemüse wird Anis gerne verwendet. In verschiedenen Likören spielt es eine große Rolle, so im deutschen Boonekamp, im türkischen Raki, im französischen Pastis und Pernot sowie im griechischen Ouzo. Das Gewürz gibt es im Handel als ganze Samen oder auch gemahlen. Gemahlene Früchte verlieren schnell ihr Aroma. Früher wurden kandierte Anissamen gekaut, um die Verdauung zu fördern. Als Heilpflanze ist Anis schon lange im Gebrauch. Es regt den Appetit und die Verdauung an, löst Blähungen und hilft bei Husten. Zusätzlich ist Anis gut für stillende Mütter.

Die Pflanze stellt hohe Anforderungen an Boden und Klima. In geschützter sonniger Lage kann der einjährige Anis im Mai in Reihen mit einem Abstand von 30 Zentimetern ausgesät werden. Der Samen braucht bis zu vier Wochen zum Aufgehen. Vereinzeln Sie die Pflanzen dann auf 15 Zentimeter. In einem kühlen Sommer, schaffen sie es manchmal nicht bis zur Samenreife. Geerntet wird, wenn die Samenstände des Doldengewächses ihre Farbe ändern. Dann werden sie zum Trocknen aufgehängt.

## Basilikum

Das stark würzige, bei uns einjährige Basilikum (Ocimum basilicum) stammt aus Indien, wo es als heilig verehrt wurde. Verwendet werden die frischen Blätter mit ihrem pfeffrig-süßen Geschmack zu Tomaten, Pilzen, Füllungen, Soßen, Geflügel, Eierspeisen, Würstchen, French dressing und mehr. Tomaten mit Mozzarella ohne Basilikum sind kaum denkbar. Der intensive Geschmack führt dazu, dass die einen das Kraut lieben und die anderen es gar nicht mögen. Mit Basilikum wird Pesto zubereitet, wie das klassische *Genueser Pesto*. Die Blätter wirken magenstärkend und helfen bei Blähungen. Das „Königskraut" soll auch beruhigen, gegen Depressionen wirken und das Denkvermögen steigern.

Basilikum kann in kleinen Töpfen im Frühjahr ausgesät werden. Er verträgt weder das Umpflanzen noch kommt das Kraut mit Frost zurecht. Nach dem Aufgehen brauchen die Pflänzchen Wärme aber nicht zu viel Feuchtigkeit. Basilikum leidet eher darunter, dass Sie ihn zu viel gießen als zu wenig. Im Topf kann die Erde auch einmal antrocknen. Die Triebspitzen werden entfernt, um die Blüte zu verhindern. Es gibt neben dem typischen grünblättrigen Basilikum auch welchen mit roten Blättern. Andere Sorten duften nach Zitrone, Fenchel oder Estragon.

# Beifuß

Der Gemeine Beifuß (Artemisia vulgaris) soll hier erwähnt werden, weil er für viele ein unentbehrliches Gewürz zum weihnachtlichen Gänsebraten ist. Das ganze Jahr über wird Beifuß vernachlässigt. Kurz vor Weihnachten taucht er dann sogar in den Supermärkten auf. Im Volksmund wird Beifuß als Gänsekraut bezeichnet und verdient diesen Namen auch. Es ist ein sehr aromatisches Gewürz, enthält verdauungsfördernde Bitter- und Gerbstoffe und wird bei fetten Fleischgerichten verwendet. Besonders den Geschmack von Gänsefleisch fördert Beifuß.

Die Pflanze wächst wild auf der ganzen nördlichen Halbkugel und bevorzugt nährstoffreichen Boden. Wenn Sie sich Beifuß im Sommer selbst sammeln, schneiden Sie nur welchen von abgelegenen Wiesen- oder Waldrändern. Kräuter, die an befahrenen Straßenrändern wachsen, sind als Gewürz nicht geeignet. Beifuß ist so häufig, dass Sie das Kraut nicht im Garten anbauen müssen.

# Bockshornklee

Bockshornklee (Trigonella foenum-graecum) ist auch als Griechisch Heu bekannt. Es ist ein einjähriges Kraut, dessen Samen scharf schmecken und sich in kommerziell hergestelltem *Curry* wiederfinden. Dieses Curry ist anders, als ein in Indien frisch gemahlenes. Dennoch spielt Bockshornklee in der indischen Küche eine bedeutende Rolle. Wichtig ist es, die Samen nur leicht anzurösten. Zu stark geröstet, wird ihr Geschmack unangenehm und bitter. Verwenden Sie immer nur wenige Samen. Im Mittleren Osten würzt Bockshornklee Süßspeisen wie *Halva* aber auch *Chutneys* und Eingelegtes. Aus den Samen können Sie leicht

Sprossen ziehen, die in einem Salat frisch und herzhaft schmecken. Die Sprossen werden gegessen, wenn sie ein paar Zentimeter groß sind.

Als Kind Asiens und Südeuropas braucht Bockshornklee in nördlichen Breiten zur Aussaat im März Wärme und im Mai einen Windschutz. Mit einem Abstand von etwa 25 Zentimetern kann Bockshornklee in voller Sonne und einem humosen, durchlässigen Boden gut gedeihen. Die Reife erfolgt nach etwa vier Monaten. Wenn der Sommer es gut meint, können Sie eine große Zahl an Bockshornkleesamen ernten.

## Bohnenkraut

Wie der Name schon sagt, gehört Bohnenkraut als Gewürz an alle Bohnengerichte aber auch zu herzhaften Füllungen, Schweinefleisch, Wild und auch in Linsensuppe und Bratkartoffeln. Bohnenkraut hat eine milde Schärfe. Die Triebe mit den kleinen Blättchen schmecken etwas pfeffrig, daher auch der im Volksmund gebräuchliche Name Pfefferkraut. Verwendet werden frische und getrocknete Blättchen. Bohnenkraut wirkt antibakteriell und hilft bei Darmkatarrh und Durchfall. *Hildegard von Bingen* schätzte es sehr, „weil es den kranken Menschen nicht beißt, sondern ihn gesund macht." Für ältere Menschen, die schwer verdauen, ist Bohnenkraut sehr zu empfehlen.

Man unterscheidet einjähriges Sommerbohnenkraut (Satureja hortens) und das halbstrauchartige, mehrjährige Winterbohnenkraut (Satureja montana). Dieses ist im Geschmack etwas kräftiger. Das Sommerbohnenkraut wird im Frühjahr ausgesät. Es heißt, dass das Kraut zwischen Bohnen gesät, deren Geschmack deutlich verbessert. Als Lichtkeimer dürfen die Samen nicht mit Erde bedeckt werden. Beide Arten brauchen Sonne und einen nährstoffarmen, durchlässigen Boden. Die Blüten werden von Bienen und Insekten geliebt. Die Pflanze soll als Tonikum auch Bienen- und Wespenstiche sofort lindern.

# Borretsch

Borretsch (Borago officinalis) ist eine völlig unkomplizierte Garten-pflanze. Das Kraut mit seinen hübschen, blauen Blüten und Gurkenge-schmack findet Verwendung in frischen Sommer- und Obstsalaten, Bowlen, Fruchtgetränken und auch als Spinatersatz. Die Blüten dienen zur Verzierung und können kandiert werden. In der Küche verwenden Sie möglichst nur junge Blätter. Für einen Gurkensalat werden sie in Streifen geschnitten. Dazu kommen als Dekoration und natürlich auch zum Essen einige der himmelblauen Blüten. Borretsch enthält nicht nur viel Kalzium und Kalium, sondern auch reichlich Kieselsäure. Diese stärken Nerven und Gehirn. Schon früher wurde Borretsch nachgesagt, dass er Freude und Glück bringt. Bei den Griechen und Römern kam noch Mut dazu. Die Pflanze soll Niedergeschlagenheit und Melancholie vertreiben, kurz, es ist eine Küchenkraut, welches Herz und Seele gut tut.

Im Anbau ist Borretsch völlig einfach. Er wird im Frühjahr ausgesät, am besten auf einen sandigen Boden in der Sonne. Die Pflanze wächst aber auch im Schatten und sät sich gerne selbst aus. An geschützten Stellen blüht Borretsch bis zum November. Besonders von Bienen werden die Blüten gerne angeflogen.

Bilder von links oben nach rechts unten:

Anis (Samen), Basilikum, Beifuß, Bockshornklee (Keimlinge), Winter-bohnenkraut, Borretsch

# Chili

Chili dürfte das wohl am weitesten verbreitete Gewürz der Welt sein, obwohl es erst im 16. Jahrhundert durch die Spanier nach Europa kam. *Christoph Kolumbus* brachte die scharfe Schote mit nach Europa. Er war auf der Suche nach Pfeffer und fand Chili. Chili ist das aztekische Wort für Pfefferschote. Von Spanien kam sie nach Afrika, Indien und in den Orient. Die Pflanze (Capsicum fructens) wächst strauchartig, ausdauernd und kann bis zu zwei Metern hoch werden. Als Chili sind die meist roten , länglichen, der Paprika ähnlichen aber kleineren Schoten bekannt, die botanisch eigentlich eine Beere sind. Sie können auch orange, gelb, braun, lila oder schwarz sein. Es gibt unzählige Arten, die sehr unterschiedlich scharf sind. Die Skala der Schärfe reicht von eins bis zehn. Die schärfsten Chilischoten sind Uganda- und Mombasa-Chilis. Mexikanischer Ancho ist dagegen ein mildes, dunkles Chili. Grüne, unreife Chilis sind generell milder, ebenso Chilischoten ohne die inneren Samen. Im Handel sind frische, getrocknete und eingelegte Schoten zu haben. Auch Trockenflocken und Pulver ist erhältlich. Beim Verarbeiten der Chilis sollten Sie nicht mit den Händen in die Augen geraten. Das Gewürz kann frisch gehackt oder auch als Pulver in die Gerichte gegeben werden. Wenn Sie eine ganze Schote verwenden, können Sie diese aus dem Gericht entfernen, wenn die gewünschte Schärfe erreicht ist.


Verwendet wird Chili in der indischen Küche für verschiedene Currymischungen und in der mexikanischen für Soßen und zahlreiche Gerichte sowie das bekannte *Chili con Carne*. Chili ist Bestandteil bedeutender Gewürzmischungen wie *Harrissa*. Die feurig scharfe Tabasco-Soße klingt mexikanisch, ist aber die Erfindung eines amerikanischen Südstaatlers. In der Mittelmeerregion werden mit Chili gerne scharfe Fischsuppen zubereitet. Gerade in den tropischen Regionen ist die scharfe Schote aus praktischen Gründen begehrt, denn durch ihre antibakterielle Wirkung verderben die Speisen nicht so schnell. Der Stoff, welcher für die feurige Schärfe verantwortlich ist, heißt Capsaicin. Er steigert die Speichelbildung bis zu einem Zehnfachen, regt die Durchblutung im gesamten Bauchraum an und tötet Krankheitserreger im Darm. Chili beeinflusst den gesamten Kreislauf und das Herz zum Positiven.

Die Samen von Capsicum-Arten benötigen ein warmes Saatbett zum Keimen. Bis zum Ausreifen der Früchte brauchen die Pflanzen viel Sonne und Wärme. In einem Gewächshaus oder in einer sonnigen, geschützten Lage können sie aber durchaus auch in nördlichen Breiten Erfolg haben. Dann werden die Samen schon im Februar, spätestens Anfang März in der geheizten Wohnung ausgesät, wo sie zum Keimen warme, feuchte Erde brauchen (eventuell auf einer Heizung).

## Dill

Dill (Anethum graveolens) ist ein typisches Gewürz der skandinavischen Küche. Allerdings wird Dill auch in anderen Regionen Europas sehr geschätzt. Bei der Verwendung wird unterschieden zwischen frischen Blättern und Samen. Dillgurken sind mit Dillsamen eingelegte Gurken. Mit ihnen lässt sich auch Lamm- oder Schweinefleisch, Kohl, Eintopf und Brot würzen. Als Kümmelersatz wird Dillsamen im Brot verwendet. Die frischen Blätter würzen Quark, Soßen und Dressings für grüne Salate und Fisch. Sie gehören unbedingt zum skandinavischen, gebeizten Lachs, *Gravad Lax* genannt. Gurkensalat wird erst durch Dill komplett. Das Trocknen von Dillblättern lohnt sich trotzdem nicht, sie verlieren schnell an Aroma. Sie können aber eingefroren werden. Als Heilpflanze spielt Dill seit Jahrhunderten eine Rolle. Er wirkt verdauungsfördernd und harntreibend, hilft bei Blähungen und fördert als Tee den Milchfluss stillender Frauen. Die Samen sind pilztötend und antibakteriell. Zusätzlich entspannt das gesunde Kraut die Muskeln und unterstützt das Einschlafen, weshalb er besonders am Abend gegessen gut tut. Frische Dillblätter dürfen niemals gekocht werden. Sie gehören immer erst kurz vor dem Servieren an die Gerichte. Roh gekaut, soll Dill den Duft von Knoblauch im Atem mildern.

Angebaut wird Dill auf kargem, sandigem Boden. Säen Sie die Samen in Reihen oder breitwürfig von April bis Juni an seinem endgültigen Standort aus, denn die Pflanzen lassen sich schlecht umsetzen. Einmal im Garten etabliert, sät sich Dill leicht selbst aus, so dass Sie sich nicht mehr um ihn kümmern müssen. Wer das nicht mag, erntet die Dolden kurz vor der Samenreife, wenn diese braun werden.

## Estragon

Die Staude Estragon (Artemisia dracunculus) verführt mit kleinen Blättchen, die stark und süß aromatisch sind. Man unterscheidet französischen und russischen Estragon. Der russische hat einen stärkeren Geschmack, der französische den besseren, daher wird dieser in der Küche bevorzugt. Die frischen Blättchen werden in geringen Mengen an Fleischgerichte, Salat, Ei- oder Käsegerichte gegeben, am besten „solo", denn Estragon duldet keine weiteren Kräuter neben sich. Er passt gut zu Tomaten und Pilzen und kann für Kräuterbutter verwendet werden. Estragon ist der Hauptbestandteil der berühmten französischen *Souce Bèarnaise*. Er wirkt wie viele Kräuter appetitanregend und magenstärkend. Früher herrschte der Glaube, dass Estragon Bisse von Schlangen und giftigen Tieren heilen kann. Da das Kraut getrocknet nicht schmeckt, können Sie sich für den Winter einen Estragonessig ansetzten.

Im Garten braucht Estragon viel Sonne und vor allem Schutz vor kaltem Wind, noch mehr als manch andere Kräuter des Südens. In warmen Regionen setzt die Pflanze leicht Samen an. Sonst wird sie durch Wurzelausläufer im Frühjahr vermehrt. Estragon wird 60 bis 90 Zentimeter hoch, ihre Wurzeln können sich bis zu einem Meter und mehr ausbreiten.

## Fenchel

Fenchel (Foeniculum vulgare) ist mit seinen fedrigen Blättern eine schöne Staude. Sie kann bis zu zwei Metern hoch werden und bildet so im Kräuterbeet einen besonderen Blickfang. Verwendet werden das gefiederte Blatt, der Spross als Gemüsefenchel und der Samen. Das frische Fenchelkraut passt gut zu Fisch, Salaten und verschiedenen Soßen. Die Samen schmecken anfangs süß, später leicht brennend und sorgen für einen leichten anisartigen Geschmack. Sie können als Ersatz für die frischen Blätter genutzt werden, wenn diese nicht verfügbar sind. Sie gehören aber auch als gleichwertiges Gewürz an verschiedene Speisen, wie zum Beispiel fettes Schweinefleisch. Die blähungsmildernde und verdauungsfördernde Wirkung von Fenchel ist weit bekannt. Der Tee wird gerne kleinen Kindern zur Beruhigung gegeben. Auch Fenchelsirup und Fenchelhonig gegen Husten sind gebräuchlich. In allen Ländern, in denen die Pflanze verwendet wird, glaubt man daran, dass Fenchel gut für die Augen ist und das Sehvermögen fördert. Durch seine Verwendung sowohl als Heil- als auch als Würzkraut hat Fenchel eine lange Tradition, die bis zu den alten Ägyptern und Griechen reicht. In China gehört er zum *Fünf-Gewürz-Pulver*. Auch in einigen Currypulvern ist Fenchel enthalten.

Säen Sie die mehrjährige Pflanze im zeitigen Frühjahr gleich an Ort und Stelle in einen humosen, feuchten Boden aus. Ein sonniger und geschützter Platz wird bevorzugt, auch wenn die Staude als winterhart gilt. Im Herbst wird der Fenchel dann auf etwa 15 Zentimeter zurückgeschnitten und mit Reisig vor Frost geschützt. Erst im nächsten Jahr können die Samen geerntet werden. In kalten Sommern kommt es vor, dass diese nicht ausreifen. Sonst werden die Dolden im Spätsommer oder Frühherbst abgeschnitten und zum Trocknen aufgehängt. Umhüllen Sie diese mit einer Papiertüte, die die ausfallenden Samen auffängt.

Bilder von links oben nach rechts unten:

Chilipflanze, Dill (Samenstand), Estragon, Fenchelsamen, Kurkuma, Ingwer

# Gelbwurz (Kurkuma)

Die indische Küche könnte ohne Gelbwurz (Cucuema domestica) nicht existieren. Das Gewürz, auch als Kurkuma bekannt, wird zum Würzen und Färben zahlreicher Gerichte in Indien und in Südostasien verwendet. Allen Currypulvern gibt Kurkuma seine typische Farbe. Es hat einen warmen, würzigen Geschmack und wird auf Grund seiner intensiv gelbfärbenden Wirkung als indisches Safran bezeichnet. Viele Fleisch-, Fisch- und Gemüsecurrys sind ohne Gelbwurz nicht denkbar. Auch für Chutneys ist Kurkuma gut geeignet.

Die tropische Pflanze gehört zu den Ingwergewächsen. Verwendet werden die knolligen Ausläufer, die gekocht, geschält, getrocknet und dann gemahlen werden. Selten bekommt man eine Wurzel im Handel, meist jedoch das Pulver. Kurkumapulver verliert schnell sein Aroma. Daher sollten Sie immer nur kleine Mengen kaufen und dieses luftdicht und lichtgeschützt aufbewahren. Am besten wird es in indischen Geschäften erworben, da diese einen hohen Umsatz an Kurkuma haben. Beim Kurkumatee ist nachgewiesen, dass er vor Gallensteinen schützt. Das Gewürz gilt zusätzlich als Antikrebsgewürz. Das Buch „Krebszellen mögen keine Himbeeren" von Bèliveau und Gingras widmet Kurkuma ein ganzes Kapitel. Darin wird unter anderem darauf hingewiesen, dass Gelbwurz die Ursache dafür ist, dass bestimmte Krebsarten in Indien wesentlich seltener auftreten als in Europa und Amerika.

# Ingwer

Auch Ingwer (Zingiber officinale) ist wie Kurkuma eine tropische Pflanze, von der die Wurzel verwendet wird. Das ausdauernde schilfartige Gewächs beschert uns eine Wurzel mit scharfem, würzigem Geschmack, der typisch bekannt ist von Ingwerplätzchen. Ingwer gibt es im Handel in verschiedener Formen. Inzwischen können Sie die Wurzel frisch als so genannten grünen Ingwer kaufen. Er ist noch kräftiger im Geschmack und gleichzeitig erfrischend. Des Weiteren gibt es ihn getrocknet, eingelegt, kandiert und als Pulver. Verwendet wird grüner Ingwer in der orientalischen und östlichen Küche zu Fisch, Fleisch und Gemüse, zu Gewürz- und Currymischungen. Mit gemahlenem Pulver werden Chutneys, Eingelegtes, Bier und Wein gewürzt. Auch Brote, Kuchen, Kekse und andere Süßigkeiten schmecken damit. Marmelade und Früchte mit Ingwer sind etwas Besonderes. Selbst in Ihren Tee oder Kaffee können Sie eine Messerspitze des Pulvers geben, das Getränk wärmt dann angenehm durch. Ingwer tut dem Magen gut und hilft ausgezeichnet bei Übelkeit und Reisekrankheit. Seine Inhaltsstoffe wirken entzündungshemmend, entgiftend und hemmen die Blutverklumpung. Daher beugt das Gewürz Thrombosen und Schlaganfällen vor. Es geht geschmacklich eine ideale Verbindung mit Knoblauch ein.

Angebaut wird Ingwer inzwischen in allen Ländern, die das geeignete Klima bieten. Obwohl die Pflanze ausdauernd ist, wird sie einjährig angebaut und durch Teilung der Wurzeln vermehrt. Auch in unseren Breiten können Sie eine Ingwerwurzel zum Austreiben bringen. Setzen Sie ein Stück davon flach in die Erde in einen Topf. Nach zwei bis drei Wochen erscheint eine erste grüne Spitze.

## Kapern

Kapern sind die in Weinessig eingelegten Knospen des Kapernstrauches (Capparis spinosa „inermis"). Er ist ein wunderschöner Strauch mit Blüten, die an wilde Rosen erinnern. Die Knospen werden per Hand vor dem Aufblühen geerntet. Je nach Größe gibt es verschiedene Kapern. Die feinsten stammen aus der Provence und nennen sich Nonparailles. Der Geschmack von Kapern ist säuerlich und geht in die Richtung von Ziegenkäse. Sie werden in einer Vielzahl von kalten und

auch warmen Soßen verwendet, zu scharfen Fisch- und Fleischgerichten und auch zum *Steak Tatar*. Eine Soße mit Kapern passt immer gut
zu hartgekochten Eiern. Königsberger Klopse und Hühnerfrikassee sind
ohne sie nicht möglich. In Salz eingelegte Kapern können sehr gut
schmecken, werden aber schnell ranzig. Mit Flüssigkeit bedeckt, halten sie sich in Gläsern beinahe unbegrenzt. Zur Verwendung werden
die grünen Knospen zerdrückt oder klein gehackt. Kapern wirken besonders appetitanregend, entwässernd und stärken gleichzeitig die
Gefäße, besonders die in der Magen-Darm-Schleimhaut.

Der Strauch wächst in der Mittelmeerregion wild, wird aber in Plantagen angebaut. In nördlichen Regionen ist der Kapernstrauch eine
Treibhauspflanze. Er kann aus Stecklingen gezogen werden.


## Kardamom

Zu den teuersten Gewürzen der Welt zählt Kardamom (Elletteria
cardamomum), dessen wundersamer, leichter Duft an die Geschichten
aus „1001 Nacht" erinnert. Arabischer Kaffee, wie er am Mittelmeer
und im Nahen Osten serviert wird, ist mit Kardamom gewürzt. Der
schwarze Kardamomsamen steckt in einer grünen oder braunen Hülse,
die Sie so im Handel kaufen können. Weißer Kardamom ist gebleicht.
Man verwendet Kardamom ganz mit Hülle oder löst die Samen heraus,
in denen das Aroma steckt. Gemahlen verliert er schnell an Qualität,
deshalb sollten Sie nur wenig kaufen oder sich das Gewürz selbst mahlen. Besonders in arabischen Ländern würzt Kardamom süße Speisen.
Für arabischen Kaffee nehmen Sie einen halben Teelöffel Samen auf
einen Topf starken Kaffee. Er ist auch ein wichtiges Gewürz für nordin-
dische und pakistanische Reisgerichte sowie für skandinavische Aufläu-
fe und Gebäck. Kardamom macht sich gut zu Wein und Punsch. Das
Gewürz belebt den Stoffwechsel und regt das Herz sehr stark an. Es ist

daher nicht geeignet für Menschen mit zu hohem Blutdruck. Da zusätzlich Allergien bekannt sind, sollten auch Asthmatiker mit Kardamom
vorsichtig sein.

Die Pflanze wächst wild oder in Plantagen im tropischen Regenwald
und wird über Wurzeln oder die Samen vermehrt.

# Kerbel

Frisches Kerbelkraut wird häufig in der französischen Küche verwendet
und verdient es, auch in anderen Ländern mehr beachtet zu werden.
Kerbel (Anthriscus cerefolium) kann mit seinem ungewöhnlichen Geschmack zwischen Anis und Lakritz einigen Alltagsgerichten etwas Besonderes geben. Verwendet werden die frischen Blätter in Suppen, für
alle Eierspeisen, Salate, Kräuterbutter für Geflügel, zu gebratenem
Fleisch, gedünstetem Gemüse sowie für die bekannte *Béchamelsauce*.
Das Kraut kommt immer erst kurz vor dem Servieren zum Gericht, da
der Geschmack des Kerbels schnell verfliegt. Es enthält einen Stoff, der
das Blut verdünnt und beugt somit Thrombosen und Krampfadern vor.
Naturmediziner empfehlen Kerbel als Kur gegen Frühjahrsmüdigkeit.

Die Pflanze wächst willig auf einem feuchten Boden im Halbschatten.
Mit Trockenheit und Hitze kommt Kerbel schlecht zurecht. Ausgesät
wird von Anfang bis Mitte des Frühjahres oder im Spätsommer und
zwar dort, wo er wachsen soll, da sich Kerbel ungern verpflanzen lässt.
Schon sechs Wochen nach der Aussaat können die ersten Blätter geerntet werden. Blütenstängel müssen entfernt werden. Kerbel wird
leicht mit jungen Petersilienpflanzen verwechselt. Der süße Geschmack deckt den Irrtum allerdings schnell auf. Da Kerbel frosthart
ist, liefert die späte Aussaat auch im Winter frisches Kraut.

# Knoblauch

Viel wurde schon über Knoblauch (Allium sativum) geschrieben, vollbringt er doch kulinarisch und medizinisch wahre Wunder. Die Zwiebelpflanze wächst heute fast überall auf der Welt. Selbst in nördlichen Regionen ist sie winterhart, schmeckt dort allerdings nicht ganz so gut. Der typische Geruch und Geschmack von Knoblauch muss in den mit ihm gewürzten Gerichten nicht herausschmecken, meistens lässt er sich jedoch nicht leugnen. Knoblauchgegner rümpfen die Nase, seine Anhänger vernehmen den Duft mit Freude. Da Knoblauch geschmacklich und medizinisch als sehr wertvoll gilt, findet er in der Küche reichlich Anwendung. Die Knolle besteht aus mehreren Zehen, die frisch klein gehackt oder mit einer Knoblauchpresse zerdrückt den besten Geschmack ergeben. Getrocknetes Knoblauchpulver oder Granulat sind dazu kein Vergleich. Auch eingelegt kommt er geschmacklich nicht an frische Zehen heran. Verwendet wird Knoblauch auf vielfältige Art an herzhaften Gerichten, vor allem mit Fleisch, Fisch, Gemüse, Fondues, Aufläufen, Soßen und auch Salaten. Im Altertum war Knobi oder Knofi, wie er liebevoll genannt wird, ein Hauptnahrungsmittel der Armen. Inzwischen spielt er seine Rolle als Gewürzliebling unabhängig von Stand und Einkommen. Die Küche des Mittelmeeres ist ohne Knoblauch nicht denkbar. Die Mexikaner und Bewohner von Mittel- und Südamerika könnten ohne Knoblauch nicht kochen und in Indien, China sowie Ostasien ist er unentbehrlich. Weit bekannt ist die französische *Knoblauchmajonnaise Aioli*, ebenso Lammbraten mit Knoblauch gespickt und Rosmarin. Je feiner die Zehen gepresst oder gehackt werden, desto intensiver ist das Aroma. Knoblauch sollte nicht zu stark erhitzt werden. In der Pfanne wird er nicht gebräunt, sondern nur goldgelb gefärbt, sonst wird er bitter. An Gemüse- und Fischsuppen können Sie ganze, also ungehackte Zehen geben.

Es ist nachgewiesen, dass Menschen, die viel Knoblauch essen, weniger an Herz-Kreislaufkrankheiten leiden. Ihr Cholesterinspiegel und Blutdruck sind deutlich besser, meistens völlig in Ordnung. Er hilft Entzündungen zu stoppen und sogar zu heilen. Das in der Knolle enthaltene Allicin wirkt antibiotisch, putzt die Arterien und dringt bis in die feinsten Haargefäße ein. Daher kommt es, dass der Knoblauchesser aus allen Poren duftet. Nach neuesten Forschungen soll frisch gehackter Knoblauch erst eine halbe Stunde liegen, bevor er zum Essen gegeben wird, damit sich seine Inhaltstoffe voll entfalten können.

Angebaut werden kann Knoblauch auch in kühlen Regionen. Hier sollte er jedoch den wärmsten Fleck des Gartens bekommen. Gesteckt werden die Zehen entweder im Oktober oder im frühen April, mit etwa 15 bis 20 Zentimeter Abstand und 2,5 Zentimeter tief in nährstoffreichen Boden. Reichern Sie diesen am besten mit Gartenkompost an. Wenn sich im Juli oder August das Laub verfärbt und umknickt, sind die Knollen reif. Sie müssen gut durchtrocknen und kühl und dunkel lagern.

## Koriander

Beim frostharten, einjährigen Koriander (Coriandrum sativum) dienen die Samen und die frischen Blätter als Gewürz. Koriandersamen hat ein warmes, süßes und orangenartiges Aroma. Er kann wegen seines milden Geschmacks in größeren Mengen verwendet werden, ohne die Speisen zu verderben. Gemeinsam mit Knoblauch und Chili findet sich Koriander in vielen Fleisch- und Fischgerichten wieder. Die petersilienartigen Blätter schmecken etwas scharf und bitter und werden in Südostasien, Indien und dem Mittleren Osten auch wie Petersilie verwendet. Die Samen kaufen Sie lieber ganz, da gemahlener Koriander schnell an Geschmack verliert. Sie werden vor dem Gebrauch leicht angeröstet, so erhalten sie ihr volles Aroma. Koriander ist Bestandteil vieler Currys und von *Garam Masala*. Ähnlich wie Kümmel wirkt Koriander als mildes Magenmittel.

Die Pflanze wird im zeitigen Frühjahr ausgesät. Wie viele Würzkräuter mag er eine sonnige Lage und gut durchlässigen Boden. Korianderpflanzen brauchen etwa 20 Zentimeter Abstand, wachsen schnell und blühen reichlich. Wenn die Farbe der Samenköpfe von grün nach hellbraun wechselt, ändert sich auch deren unangenehmer Duft. Dann werden sie abgeschnitten und zum Trocknen aufgehängt.

Bilder von links oben nach rechts unten:

Kapern, Kardamom (Pflanze), Kerbel, Knoblauch, Koriander, Kreuzkümmel (gemahlen)

# Kreuzkümmel

Kreuzkümmel (Cuminum cuminum) ist auch als Kumin bekannt. Es ist ein anderes Gewürz als Kümmel, ist aber genauso wie dieser ein Doldengewächs. Daher sind sich die Körner tatsächlich sehr ähnlich. Kümmel wird als süßlich, scharf und an Anis erinnernd beschrieben. Kreuzkümmel dagegen weniger scharf und vor allem aromatisch würzig. ER gehört zur nordafrikanischen Küche zum Würzen von *Couscous*, Fisch, Lamm, Huhn und Gemüse, besonders Auberginen. In Indien nimmt man Kreuzkümmel für Currys und in Mexiko gemeinsam mit Chili in *Chili con Carne*. Das Aroma entfaltet sich wie beim Koriander am besten, wenn die Samen in einer Pfanne ohne Fett leicht geröstet werden. Gemahlener Kreuzkümmel verliert bereits in ein bis zwei Monaten sein Aroma.

Da die Pflanze ein heißes Klima bevorzugt, muss sie in nördlichen Regionen in einem geheizten Saatbeet frühzeitig herangezogen werden. Bis zur Reife vergehen vier Monate. Dazu ist volle Sonne notwendig und ein durchlässiger Boden. Geerntet werden die ganzen Fruchtstände, wenn sich die Samen anfangen braun zu färben.

# Kümmel

Kümmel (Carum carvi) ist ein typischen Gewürz in der deutschen Küche. Man würzt mit ihm alle Arten von Gemüse, vor allem Kohlgerichte, dazu Schweinefleisch, Gans, Käse und auch Brot, Kuchen und Kekse. Kümmelkuchen zum englischen Tee war früher sehr beliebt. Kümmel ist nicht nur ein weit verbreitetes Gewürz sondern auch eine bedeutende Heilpflanze. Die Würzkörner beugen Blähungen vor, beruhigen den Magen und regen den Gallenfluss an. Durch diese verdauungsfördernden Eigenschaften ist das Gewürz gerade in Kohlgerichten willkommen. Kümmellikör und Aquavit, der mit Kümmel hergestellt wird, sind beliebte Spirituosen nach einem schweren Essen. Im Handel können Sie die Körner kaufen. Es gibt aber auch Pulver.

Der zweijährige Kümmel wird im Herbst oder zeitigen Frühling in guten Boden an einen sonnigen oder halbschattigen Standort ausgesät. Der Abstand der Pflanzen sollte 20 Zentimeter betragen. Geerntet wird wie beim Kreuzkümmel, wenn sich die Samen braun färben.

## Lavendel

Lavendel (Lavendula angustifolia syn. L. officinalis) ist weniger ein Küchenkraut als eine Duftpflanze. Trotzdem soll er hier erwähnt werden, denn an stark aromatisches Wildbret oder Fasan passt Lavendel als Gewürz durchaus. Auch in Marmeladen oder als Konfekt ist Lavendel bekannt. Weit bedeutender dürfte jedoch seine Rolle in Potpourris, in Parfums, in Badezusätzen, Kräuterkissen und vielem mehr sein. Die stark und süß duftenden Blüten sind Bestandteil eines Riechsalzes, welches gegen Ohnmacht hilft. Als Öl wirken sie antiseptisch und schmerzlindernd.

Durch seine Beliebtheit hat Lavendel in vielen Gärten oder auf dem Balkon im Kübel einen festen Platz. Er steht am besten in der vollen Sonne. In sehr harten Wintern können die immergrünen Sträucher erfrieren. Vermehren Sie Lavendel über Stecklinge, so dass Sie im Garten immer mehrere Pflanzen haben. Geerntet wird, wenn sich die Blütenähren gerade öffnen. Lavendelpflanzen ergeben hübsche niedrige Hecken.

# Liebstöckel

Maggikraut ist ein anderer weit verbreiteter Name für das kräftige, sellerieartig schmeckende Liebstöckel (Levisticum officinale). Genutzt werden die Samen, die frischen Blätter und die Wurzeln. Mit frischen Blättern würzt man Suppen, Soßen, kräftige Eintöpfe, Gemüse und Marinaden. Die Samen eignen sich für Fleischgerichte, Brot und Käse. Die Wurzel kann gemahlen werden und dann als Gewürz dienen. Seien Sie vorsichtig, Maggikraut schmeckt schnell zu stark hervor. Liebstöckel wirkt harntreibend. Für medizinische Zwecke wird die Wurzel als wasserausschwemmendes Mittel in Tees genutzt.

Liebstöckel ist eine bis zu 1,5 Meter hohe Staude, die über Winter alle oberirdischen Triebe einzieht, im Frühjahr aber wieder willig austreibt. Die Pflanze braucht viel Platz und einen tief gelockerten und humosen, feuchten Boden. Am besten steht sie im Halbschatten. Wer Liebstöckel aus Samen ziehen will, sät im Frühjahr aus und pflanzt sie im Herbst an den angedachten Standort. Eine kräftige Pflanze im Garten reicht aus für einen Haushalt, wenn Sie nur die Blätter zum Würzen nutzen.

# Lorbeerblätter

Lorbeer (Laurus nobilis) wächst als kleiner Strauch oder Baum. Verwendet werden seine lederartigen Blätter, die stark duften und ein kräftiges Aroma mit leicht bitterem Geschmack haben. Frische, grüne Blätter sind wesentlich kräftiger als getrocknete. Bei diesen reicht oft ein halbes Blatt pro Gericht. Gemahlener Lorbeer verändert sich so zum Negativen, dass er in der Küche mehr schadet, als zum Guten würzt. Lorbeer wird vor allem für salzige und kräftige Gerichte in der Mittelmeerküche und in Frankreich genutzt. Zum Fleisch, für Marinaden und zum Beizen, für Fisch und zum Kochen von Reis, Suppen und

Soßen, Lorbeer gehört in viele Gerichte. Er ist Grundbestandteil des *Bouquet garni*. Die Bitterstoffe und ätherischen Öle des Blattes regen den Appetit stark an und machen die Speisen bekömmlicher.

Der Lorbeerbaum wächst am besten in einem Kübel oder in einer sonnigen, geschützten Lage im Garten. Die Pflanzen können aus Stecklingen gezogen werden, sind aber oft in Gartencentern im Angebot. Jüngere Pflanzen brauchen in kalten Wintern unbedingt einen Schutz.

## Majoran

Der nur 20 Zentimeter hohe Majoran (Origanum majorana) ist verwandt mit Dost, der in Italien auch Origano genannt wird (Origanum vulgare). Dieser ist der wild wachsende, gewöhnliche Majoran. Wird Origanum in nördlichen Regionen angebaut, kann er mit dem Geschmack des Majorans nicht mithalten. Im Mittelalter war Majoran beliebter als Thymian. Sein enthaltenes Öl wirkt warm und macht Gelenke wieder geschmeidig. In der Küche werden frische oder getrocknete Blättchen zum Würzen von Würsten verwendet und an Fleischeintöpfe gegeben, hier aber erst kurz vor dem Servieren. Pilze, Eiergerichte und Käse können mit Majoran gewürzt werden. Auch er gehört oft zum *Bouquet garni*. Sehr gut lässt sich mit Majoran Essig aromatisieren. Das Kraut wirkt verdauungsfördernd und äußerlich antiseptisch. Unter „Majoranbutter" verstand man früher eine Einreibung für Kleinkinder mit Schnupfen. Es heißt auch, dass Majoran und Oregano Liebeskummer vertreiben und die Manneskraft stärken. Ursache dafür ist sicher die nervenstärkende und schlaffördernde Wirkung der Kräuter.

Die kleine Majoranstaude verträgt keinen Frost und wächst daher bei uns einjährig. Sie wird erst gegen Ende des Frühjahres ausgesät. Sie können Majoran aber auch in Töpfe säen, dann pikieren und später mit einem Abstand von 20 Zentimetern in den Garten pflanzen. Das Kraut liebt einen feuchten, nährstoffreichen Boden und braucht unbedingt viel Sonne und eine geschützte Lage.

Bilder von links oben nach rechts unten:

Kümmel, Lavendel, Liebstöckel, Lorbeerblatt, Majoran, Meerrettich

39

# Meerrettich

Meerrettich (Armoracia rusticana) ist eine äußerst wüchsige Staude, deren scharfer Geschmack genauso kräftig ist wie ihr Wille, sich im Garten auszubreiten. Verwendet wird die Wurzel. Im zeitigen Frühjahr können Sie auch die kleinen noch zarten Blätter in Salate geben. Die Wurzel ist frisch im Ganzen, als Pulver beziehungsweise als Meerrettichcreme oder –sahne im Handel erhältlich. Die enthaltenen Senföle können so scharf sein, dass es Ihnen die Tränen in die Augen treibt. Beim Kochen geht allerdings ein großer Teil der Schärfe verloren. Frischer Meerrettich gehört vor allem zur skandinavischen und deutschen Küche, wo er gemischt mit Knoblauch und Pfeffer zu ungekochten Soßen, zu Mayonnaisen, Sahne oder Joghurt gegeben wird. Mit gekocht wird die würzige Wurzel in Soßen für Fisch und Fleisch, vor allem Rindfleisch und zu Gemüse, wie Gurken oder Rüben. Meerrettich ist auch ein typisches Gewürz zu Eierspeisen. Reiben Sie die frische Wurzel gleich in Milch oder Sahne, damit das weiße Fleisch nicht braun wird. Die scharfen Senföle desinfizieren, wirken als natürliches Antibiotikum und krebshemmend. Meerrettich hat im Winter doppelt so viel Vitamin C wie Zitrusfrüchte. So kraftvoll wie die Pflanze würzt und wächst, so kraftvoll unterstützt sie Ihre Gesundheit.

Wer sich Meerrettich in den Garten holt, braucht dafür Platz und sollte ihn lieben, denn er breitet sich kräftig aus. Im Frühjahr werden Wurzelstecklinge von 1,5 Zentimeter Dicke und etwa 20 Zentimeter Länge in die Erde gebracht, mit einem Abstand von 45 Zentimetern. Meerrettich mag feuchte Böden, wächst aber auch ohne diese, wenn Sie ab und zu gießen. Zum Ernten werden später kräftige Wurzeln ausgegraben. Nach zwei bis drei Jahren lässt die Qualität nach, dann muss umgepflanzt werden. Das Schwierige ist nun, wirklich alle Wurzelstücken aus dem Boden zu bekommen. Aus jedem kleinen verbleibenden Wurzelrest treibt eine neue Pflanze. Um dies zu verhindern, können Sie Ihren Meerrettich gleich in einen geräumigen Kübel setzten.

## Minze

Es gibt viele verschiedene Minzearten. Allerdings nur eine, aus der die *englische Minzesoße* hergestellt wird, Mentha spicata. Diese Echte Minze, auch als Krauseminze bezeichnet, ist am weitesten als Minzkraut verbreitet und wird seit Jahrhunderten verwendet. Die frischen oder getrockneten Blätter würzen Soßen oder Cremes zu gebratenem Fleisch. Sie bereichern Grillmarinaden, Salate, Käse, *Chutneys* und Sommergetränke. Auch zum *Bouquet garni* gehört die Echte Minze. Aus ihr wird der typische Minz-Kaugummi hergestellt. Die vom Pfefferminztee bekannte Art ist eine andere. Dies ist die Pfefferminze Mentha x piperita. Pfefferminze enthält im Gegensatz zur Echten Minze kühlendes Menthol. Deshalb ist gerade im Hochsommer ein kalter Pfefferminztee sehr angenehm. Minzearten wirken appetitanregend, antiseptisch, beruhigend auf den Magen und helfen bei Blähungen. Das Menthol der Pfefferminze wirkt zusätzlich auf der Haut und den Schleimhäuten kühlend, schmerzlindernd und sekretionshemmend.

Im Garten haben Minzen die Eigenschaft, sich durch Wurzelausläufer auszubreiten. Die Pflanzen ziehen im Winter komplett ein und treiben im Frühjahr wieder aus. Ihr Drang, sich breit zu machen, kann verhindert werden, wenn Sie Ihre Minze in Kübel pflanzen. Einmal im Frühjahr ausgesät und angesiedelt, bleibt sie Ihnen lange dankbar.

## Mohn

Opiummohn (Papaver somniferum), auch Schlafmohn genannt, gehört zu den ältesten angebauten Pflanzen. Schon die Griechen mischten den süßwürzigen, nussartigen Mohnsamen mit Honig in Kuchen und die Römer dekorierten wie wir heute kleine Brote mit Mohn. Im Handel bekommen Sie schwarzblaue, graue und weiße Samen. Zum Mahlen gibt es Spezialmühlen, da sich Mohn schlecht mahlen lässt. Man kann die kleinen Samen auch leicht anrösten und dann im Mörser zerreiben. Mohn ist eine wichtige Zutat in der jüdischen Küche. Als süße Füllung gehört Mohn in die jüdischen *Hamantaschen*. Er findet sich auch in Strudeln, auf Broten, Brötchen und Brezeln wieder. Selbst in Salaten, Nudeln und Aufläufen sind die kleinen Körner eine raffinierte Zutat, ebenso wie zu Hühnchen und Kalbfleisch. Opiummohn ist wegen seiner narkotischen und süchtig machenden Wirkung oft missbraucht worden. Allerdings ist der Morphingehalt von Mohnsamen ausgesprochen gering und kann vernachlässigt werden. Die süchtig machenden Alkaloide des Mohns stecken in dem weißen Milchsaft der Pflanze. Es ist verboten, in Nordeuropa Opiummohn ohne Genehmigung anzubauen. Der an Wegrändern häufig wachsende Klatschmohn (Papaver rhoeas) bildet ähnliche Samen, die aber wenig ergiebig sind und als unbekömmlich gelten.

# Muskat

Um die exotische Muskatnuss (Myristica fragrans) brachen im 17. und 18. Jahrhundert Kämpfe und Intrigen zwischen den europäischen Mächten aus. Sie wächst auf einem tropischen Baum, der etwa zehn Meter hoch wird. Nach rund zehn Jahren erbringt so ein Baum rund 1500 bis 2000 Muskatnüsse pro Jahr und das etwa 70 Jahre lang. Die Muskatnuss hat einen süßen, nussigen Geschmack mit holzigem Geruch. Vielleicht verdankt sie ihre Beliebtheit den psychoaktiven Eigenschaften des Stoffes Myristicin, der zu Euphorie und Halluzinationen führen kann. Die Menschen trugen ihre eigenen Muskatnussreiben bei sich und rieben sich das Gewürz gerne über Glühwein und heiße Milch mit Bier. Muskat können Sie als Pulver und als ganze Nuss kaufen. Das Pulver verliert wie bei Gewürzen üblich schnell an Aroma. Daher ist eine kleine Muskatreibe im Haushalt unerlässlich. Die Nüsse müssen trocken und luftdicht lagern. Verwendet wird das Gewürz für Süßspeisen und Kuchen aber auch für Würste, Fleischgerichte, Käse, Eier und Pasteten. Bei Gemüse sind es vor allem Rosenkohl, Brokkoli, Spargel und Spinat, an die Muskat gehört. Auch heute noch werden Getränke wie Punsch, Glühwein, Rum und Bowlen damit gewürzt. Die Franzosen geben Muskat an ihre *Bechamelsauce*. Das Gewürz wirkt appetitanregend und hilft bei Bauchinfektionen. Auch gegen Durchfall kann etwas geriebene Muskatnuss helfen. Ihr wird nachgesagt, dass sie aphrodisierend wirkt. Allerdings ist im Umgang mit dem Gewürz Vorsicht geboten. Eine einzige Nuss kann schwere Krämpfe, Schwindel und Halluzinationen hervorrufen. Es ist also gefährlich, dass die Hildegard-von–Bingen-Medizin die Muskatnuss in recht hohen Mengen als anregendes Mittel sogar bei Kindern empfiehlt.

Muskatblüte stammt von derselben Pflanze. Die Nuss ist der Samen und die Muskatblüte die umgebende Hülle. Sie wird getrocknet und als Muskatblüte verkauft, ist aber auch unter dem Namen Macis erhältlich. Ihr Geschmack ist etwas zarter als der der Nuss und bildet eine Mischung aus Zimt und Muskat. Muskatblüte gehört zu den ausgesprochen teuren Gewürzen.

# Nelken

Nelken sind getrocknete ungeöffnete Blütenknospen des Nelkenbaumes (Eugenia caryophyllis), der bis zu 16 Meter hoch wird und in tropischen Plantagen in der Nähe des Meeres wächst. Die Chinesen kannten Nelken schon im dritten Jahrhundert v. Chr. Heute gehören sie in jede Küche, obwohl sie lange nicht so viele Gerichte würzen wie manch anderes. Ihr Geschmack ist stark und durchdringt die Speisen deutlich. Dennoch werden sie sowohl für süße als auch für herzhafte Rezepte verwendet. Apfelrotkohl, Glühwein und Weihnachtsgebäck sind typisch für Nelken. Auch Brotsoßen, Currys, Fleisch- und vor allem Wildgerichte werden mit Nelken gewürzt. An viele Zubereitungen mit Äpfeln gehören die kleinen braunen Knospen. Wie bei anderen Gewürzen verzichten Sie lieber auf gemahlene Nelken. Bei plötzlichem Zahnleiden wurden Nelken als erste Hilfe gegen den Schmerz gekaut. Der Grund dafür liegt in ihrem ätherischen Öl Eugenol, welches betäubend wirkt. Es soll auch bei Mundgeruch helfen und macht fette Speisen bekömmlicher.

Bilder von links oben nach rechts unten:

Minze, Mohngebäck und Mohn, Muskatreibe und Muskat, Nelken, Oregano, Paprika

# Oregano

Wie schon beim Majoran beschrieben, ist Oregano (Origanum vulgare) der wilde Bruder des Majoran (Origano majorana). Der Geschmack von Oregano (im deutschen als Dost bekannt) variiert stark in Abhängigkeit von Klima und Boden. Je wärmer und sonniger er wachsen darf, desto angenehmer ist sein pfeffriger und leicht bitterer Geschmack. Er gehört zur italienischen und erst recht zur neapolitanischen Pizza, die ohne Oregano nicht möglich ist. Es ist das klassische Pizzagewürz. Als kräftig aromatisches Kraut, sollten Sie es jedoch vorsichtig verwenden. Die Stängel mit den kleinen, runden Blättchen passen zu herzhaften Fleischgerichten, Zucchini, Tomaten, Auberginen und Paprika. Deftige Eintöpfe, mit Rotwein, Knoblauch und Oliven gekocht, werden durch etwas Oregano ergänzt. Die Pflanze enthält Gerb- und Bitterstoffe und wirkt daher appetitanregend, magenberuhigend und gallenfördernd. Das in ihr ebenfalls enthaltene Thymol hilft bei Erkrankungen der oberen Atemwege.

Ausgesät wird die Pflanze im Frühjahr an einen möglichst heißen und trockenen Platz. Oregano kann auch durch Stecklinge und Wurzelausläufer vermehrt werden. Schneiden Sie die mehrjährige Pflanze im Frühjahr bis kurz über den Boden ab, dann treibt sie willig wieder aus. Geerntet werden Bündel von Blüten und Blättern, die Sie im Hochsommer zum Trocknen aufhängen. Oregano gehört zu den Gewürzen, welche auch in getrockneter Form ihr Aroma erhalten.

# Paprika

Paprika (Capsicum annum) ist ein außerordentlich vielseitiges Gewürz und fehlt wohl in keiner Küche. Es stammt von der gleichen Pflanze, die als frische Paprikaschote bekannt ist. Durch unzählige Capsicum-Züchtungen variiert das Gewürz von mild bis scharf. Das im Handel übliche Paprikapulver ist meistens mild und süß und sollte nur in kleinen Mengen gekauft werden, da es schnell verdirbt. Frisches Pulver ist rot oder rotbraun, bei brauner Farbe ist es überlagert. Da Paprika sehr viel zum Würzen verwendet wird, ist es nicht schwer, das Gewürz immer frisch in der Küche zu haben. Das beste Pulver kommt aus Ungarn, denn es gilt dort als Nationalgewürz und würzt den bekannten ungarischen Gulasch, das Zigeunerschnitzel und die Salami. Es war ein ungarischer Gelehrter, der als erster nachwies, dass im Paprika vier- bis sechsmal so viel Vitamin C enthalten ist als in Orangen und Zitronen. Auch das Paprikahuhn ist ein beliebtes Gericht. Sonst kann das rote Pulver zum Färben von Soßen und Suppen verwendet werden und zum Würzen von Fleisch und Gemüse, Krustentieren, Eiern, Käse, Mayonnaise und mehr. In vielen spanischen und portugiesischen Gerichten spielt Paprika eine Rolle.

Solange die Pflanze vor Frost geschützt wird, gedeiht sie auch in nördlichen Regionen. Die Samen werden im zeitigen Frühjahr (Februar, März) im Haus oder warmen Gewächshaus ausgesät. Im Sommer kann Paprika an einem geschützten, sonnigen Ort auch im Freien wachsen. Gönnen Sie Ihrem Paprika einen guten und humosen aber durchlässigen Boden.

## Petersilie

Über Petersilie (Petroselinum crispum) braucht man beinahe nichts mehr schreiben. Sie ist so fest in der europäischen Küche verankert, dass es nicht verwundert, sie zu den ältesten Gewürzkräutern der Menschheit zu zählen. Schon im dritten Jahrhundert v. Ch. beschrieben die Griechen Petersilie. Die frischen, gehackten Blätter verfeinern eine Vielzahl von Gerichten. Sie werden immer erst kurz vor dem Servieren dazu gegeben, sonst gehen zahlreiche wertvolle Inhaltsstoffe verloren. Petersilie gehört an Suppen, Soßen, Eierspeisen, über Gemüse, an Salate, Omelettes, Marinaden und Eintöpfe. Wenige Petersilienblättchen an ein Gericht gegeben, sehen immer dekorativ aus und lassen die Augen mit genießen. Es gibt Petersilie auch in getrockneter Form. Da sie aber jederzeit frisch entweder im Bündel oder in kleinen Töpfen im Supermarkt steht, können Sie auch im tiefsten Winter frische Blätter verwenden. Zum Würzen von kräftigen Gemüsebrühen gehört Wurzelpetersilie, die dann mit kochen muss. Die Wurzel wird wegen ihrer verschiedenen Inhaltsstoffe ebenso als Heilpflanze verwendet. Auch die frischen Blätter sind ein wahrer Gesundbrunnen. Petersilie enthält sehr viel Vitamin C, wirkt magenstärkend, harntreibend, gegen Blähungen und hilft den Nieren. Sie reinigt von Innen und hält mit 1000 Milligramm herzfreundlichem Kalium auf 100 Gramm Kraut den Rekord bei allen Nahrungspflanzen.


Petersilie verträgt Frost und kann daher schon im März ausgesät werden. Dann braucht sie zum Aufgehen bis zu drei Wochen oder länger, abhängig vom Klima. Je später Sie Petersilie aussäen, desto schneller keimen die Samen. Eine Aussaat bis in den Sommer hinein ist möglich. Dann darf diese aber nie austrocknen. Allgemein gelten Petersiliensamen als schwierig. Säen Sie als Markiersaat einige Radieschensamen mit in die Reihen. Bis das Kraut den Platz braucht, sind die Radieschen geerntet. Die Pflanzen lieben einen lockeren und humosen Boden in Sonne oder Halbschatten mit einem Abstand von 20 Zentimetern zueinander. In Töpfen braucht die Rübenwurzel der Petersilie viel Platz, sie sollten also nicht zu klein sein. Überwinterte Pflanzen blühen im zweiten Jahr und gehen dann ein. Die glattblättrigen Sorten sind kräftiger im Geschmack, die krausblättrigen dafür dekorativer. Bei Wurzelpetersilie ist die Wurzel der Pflanze von Interesse.

# Pfeffer

Pfeffer (Piper nigrum) hat die Geschichte der Menschheit beeinflusst. Das Gewürz wurde mit Gold aufgewogen. Es machte Städte wie Alexandria und Venedig reich und später Lissabon in Portugal. Es war der Portugiese *Vasco da Gama*, der den Seeweg nach Osten entdeckte. Er umsegelte das Kap der Guten Hoffnung und landete in Indien, wo nicht nur Pfeffer sondern auch weitere exotische Gewürze wuchsen. Pfefferkörner sind die Beerenfrüchte einer tropischen mehrjährigen Rankpflanze. Heute gehören sie gemahlen als Tischgewürz zu jedem Essen, so wie auch Salz. Pfeffer kann getrost als König der Gewürze bezeichnet werden, Safran als die Königin. Üblich sind schwarzer, weißer und grüner Pfeffer. Daneben gibt es einige andere Formen, die teilweise von anderen Pflanzen stammen. Schwarzer Pfeffer sind unreife grüne Beeren, die in der Sonne sieben bis zehn Tage trocknen bis sie schwarz sind. Weißer Pfeffer sind rote, fast reife Beeren, die in Wasser eingeweicht werden, um die Haut außen zu entfernen. Danach werden auch diese getrocknet. Weiße Pfefferkörner sind etwas kleiner als schwarze und im Geschmack milder. Grüner Pfeffer sind unreife grüne Beeren, die in Salzwasser oder Essig eingelegt wurden. Sie haben einen frischen, milden aber aromatischen Geschmack. Ganze Körner halten sich in luftdichten Behältern unbegrenzt lange. Eingelegter grüner Pfeffer muss nach dem Öffnen in etwa sechs Wochen verbraucht sein. Er gehört in den Kühlschrank. Schwarzen und weißen Pfeffer bekommen Sie im Handel auch gemahlen. Im Geschmack eindeutig besser sind immer frisch gemahlene Körner, so dass sich die Anschaffung einer guten Pfeffermühle lohnt. Eine grob gemahlene Mischung von schwarzem und weißem Pfeffer, Mignonette Pfeffer genannt, ist in Frankreich als Tischgewürz üblich. Oft sieht man in Pfeffermischungen auch rote Körner. Diese stammen vom brasilianischen Pfefferbaum (Schinus terebinthifolius). Ihr leicht süßes und pfeffriges Aroma entfaltet sich erst beim Zerdrücken. Die roten Körner dienen in den Mischungen mehr dekorativen Zwecken. Als Ersatz für richtigen Pfeffer sind sie wenig im Gebrauch.

Der scharfe Geschmack passt an fast alle salzigen und gekochten Gerichte. Ganze Pfefferkörner gehören in Brühen und Einlegegewürze. Auch manche Wurst wie Salami enthält diese. Weißer Pfeffer wird häufig für helle Soßen wie die *Bechamelsauce* genommen, grüner für die bekannte *Grüne Pfeffersoße*. Die runden Kügelchen lassen sich leicht zwischen gefaltetem Papier zerdrücken, über das Sie mit einem Nudelholz rollen.

Cayennepfeffer ist ein rotes Pulver und eine Mischung aus verschiedenen gemahlenen roten und grünen Chilischoten. Es ist etwas feiner gemahlen als Chilipulver, kann aber durch dieses ersetzt werden, wenn Sie kein Cayennepfeffer im Haus haben.

Auch Anispfeffer stammt von einer anderen Pflanze. Es sind die roten, getrockneten Beeren eines Eschenbaumes (Zanthoxylum piperitum). Da Anispfeffer in der chinesischen Provinz Sichuan eines der wichtigsten Gewürze ist, wird es auch als Sichuanpfeffer verkauft. Es ist ein scharfes, aromatisches Gewürz mit einer bitteren Süße und gehört in das chinesische *Fünf-Gewürz-Pulver*.

Aus medizinischer Sicht ist seit langem bekannt, dass Pfeffer appetitanregend wirkt. Er hilft auch bei Übelkeit und soll selbst bei Lähmungen helfen. In Indien wird das Gewürz sehr vielfältig eingesetzt und in einigen Regionen Afrikas heißt es, dass der Körpergeruch nachdem man reichlich Pfeffer gegessen hat, Moskitos fern hält.

# Piment

Als Piment werden die Beeren eines Myrtengewächses (Pimenta dioica syn. officinalis) bezeichnet und als Gewürz leider vernachlässigt. Die braunen Körner sind dem Pfeffer äußerlich ähnlich, schmecken aber nach Nelken, Zimt und Muskatnuss. Sie haben als Gewürz keine große Bedeutung erlangt, obwohl die Einsatzmöglichkeiten groß sind. In Nord- und Osteuropa wird das Gewürz zum Einlegen und Konservieren von Fisch und Fleisch verwendet. Skandinavische, rohe Heringe werden in Piment eingelegt aber auch Rindfleisch und anderes. Piment passt ebenso gut zu Süßspeisen, zu Puddings, Kuchen und Plätzchen und spielt in verschiedenen Rezepten von Weihnachtsgebäck eine Rolle. Im Mittleren Osten ist Piment ebenfalls beliebt. Es kann im Ganzen und gemahlen gekauft werden. Mahlen Sie lieber die ganzen Körner direkt vor dem Verbrauch oder zerdrücken Sie diese im Mörser.

Der tropische Baum wächst überwiegend in Zentral- und Südamerika und dort oft in Plantagen. Er wird rund 100 Jahre alt. Seine Beeren werden per Hand noch unreif gepflückt und anschließend getrocknet.

# Rosmarin

Rosmarin (Rosmarinus officinalis) wird am Mittelmeer als Tau des Meeres besungen. Er soll den Lebenden Glück bringen und den Toten Frieden. Schon seit Jahrhunderten ist Rosmarin eine Kultpflanze und nicht nur als Gewürz bekannt, sondern auch als Heil- und Duftpflanze für kosmetische Zwecke und Haushalt. Als Gewürz werden die ölhaltigen, stark aromatischen Blättchen oder ganze Zweige an Fleischgerichte gegeben, vor allem an Lammfleisch. Auch gebackener Fisch, Reis und Salate gewinnen durch Rosmarin. Klöße und vor allem Kartoffeln mit Rosmarin sind sehr beliebt, ebenso Sommer- und Fruchtgetränke. Das Kraut aromatisiert Essig und Öl und in Kombination mit Äpfeln wird sein Geschmack pfefferminzähnlich. Die Italiener lieben ihr Brathühnchen mit einem Zweig Rosmarin im Bauch. Die Pflanze hilft schwächelnden Kindern genauso wie Erwachsenen nach einer schweren Krankheit oder alten Menschen, deren Kraft schwindet. Sie wirkt appetitanregend, verdauungsfördernd, entwässernd und „bringt die Liebe zum blühn", so sagt der Volksmund. Die antioxidativen Inhaltsstoffe des Rosmarins bewirken, dass Speisen mit ihm eine längere Haltbarkeit haben.

Der mehrjährige Strauch wächst auch in nördlichen Regionen, kann hier aber unter starkem Frost leiden und sogar absterben. Daher ist es ratsam, sich im Sommer aus einigen Stecklingen Ersatzpflanzen zu ziehen, die an geschütztem Ort überwintern. Rosmarin mag leichten Boden, der schnell abtrocknet. Die Pflanze kann bis zu 90 Zentimetern hoch werden, blüht lange und wird von Bienen geliebt.

## Safran

Safran ist teuer, sehr teuer. Es sind die gelben Staubfäden des im Herbst für zwei Wochen violett blühenden Safrankrokus (Crocus sativus). Sie werden am frühen Morgen per Hand geerntet und dann getrocknet, pro Blüte drei Staubfäden. Für ein Kilogramm des gelben Goldes sind zwischen 200.000 bis 400.000 Staubfäden notwendig. Verständlich, dass Safran nicht das Gewürz der kleinen Leute war und ist. Ebenso verständlich aber sträflich ist der Versuch, es zu fälschen. Auch heute ist dies nicht selten. Deshalb kaufen Sie lieber kein Safranpulver, sondern besser die Staubfäden. Sie duften stark und schmecken etwas bitter und honigartig. Safran muss teuer sein, billige Angebote sind immer gefälscht. Die Staubfäden werden vor der Verwendung in etwas Wasser aufgeweicht und färben dieses dann intensiv gelb. Es wird erst am Ende der Kochzeit zu den Gerichten gegeben. Man braucht nur winzige Mengen zum Kochen und Backen. In Nordeuropa wird Safran für Safrankuchen und Plätzchen verwendet. Im Mittelmeerraum gehört er zu Fisch- und Meeresfrüchten. So ist er ein fester Bestandteil der echten *Paelia* und der Fischsuppe *Bouillabaisse*. Safran passt sehr gut zu Reisgerichten. In Nordindien gehört er zu festlichen *Pilaus*. Die Staubfäden enthalten einen Wirkstoff Crocetin-Ester, der die Qualität der Spermien verbessert. Im Orient essen ältere Männer, die noch einmal Vater werden möchten, öfter Safran. Es reichen jeweils ein paar Fädchen, also wirklich nur eine Prise, denn Safran kann als Überdosis giftig wirken.

Der Safrankrokus wird inzwischen über Wurzelausläufer vermehrt und heute im gesamten Mittelmeerraum angebaut. Wer im Internet nach den Krokuszwiebeln sucht, wird fündig und kann sich an dem teuren Gewürz einmal ausprobieren. Von Juli bis Anfang August kommen die Zwiebeln in die Erde, im Oktober bis November erscheinen die wertvollen Blüten.

## Salbei

Der lateinische Name des Salbei (Salvia officinalis) salvere bedeutet gesund sein. Dementsprechend verdient die Würzpflanze in der Küche wieder mehr Aufmerksamkeit. Zum Würzen verwenden Sie die frischen oder getrockneten Blätter. Sie riechen campferartig und schmecken aromatisch herb und bitter. Fleischgerichte, einschließlich Wild, Füllungen, Marinaden, Fische, Würste, Käse und Suppen können mit den silbergrauen Blättchen gewürzt werden. Sie sind oft Bestandteil im *Bouquet garni*. Sie können die frischen Salbeiblättchen in Teig knusprig ausbacken. Neben der kulinarischen und heilenden inneren Verwendung hat Salbei noch eine weitere Stärke. Er hemmt nachweislich die Schweißsekretion und hilft bei allen nervösen Störungen wie Zittern, Schwindel und plötzlichen Hitzewallungen. Salbei ist also ein hilfreiches Kraut in den Wechseljahren. Wer unter Prüfungsangst leidet kann folgendes probieren: 80 Gramm Salbeiblätter in einem Liter Rotwein sieben Tage lang ziehen lassen. Dann abseihen und vor den Mahlzeiten zwei- bis dreimal täglich einen Esslöffel einnehmen. Ein regelmäßiges Fußbad mit dem Kraut hilft, wenn Sie unter schwitzenden Füßen leiden.

Im Garten ist Salbei ein immergrüner Halbstrauch, der auch harte Fröste überlebt, wenn er sonst auf durchlässigem Boden und in der vollen Sonne wachsen darf. Stecklinge bewurzeln im Sommer unter Glas oder einem Schutz. Tauschen Sie die Pflanze alle sieben Jahre aus. Es gibt verschiedene Sorten, die mit ihren bunten Blättern und hübschen Blüten sehr dekorativ sind.

<u>Bilder von links oben nach rechts unten:</u>

Petersilie, bunter Pfeffer, Piment, Rosmarin, Safran, Salbei

# Schnittlauch

Schnittlauch (Allium schoenoprassum) wird wie Petersilie in fast allen Supermärkten im Topf oder als Bündel angeboten. Somit können Sie ihn ganzjährig in der Küche frisch verwenden. Immer dann, wenn der Geschmack einer Zwiebel zu kräftig wäre, kommt Schnittlauch zum Einsatz. Er passt hervorragend in frische Salate, über Sandwichs, Suppen und Omeletts oder auch zum Rührei. Mit Schnittlauch lässt sich eine schmackhafte Kräuterbutter herstellen, die über gebratenem Fleisch oder zu gedünstetem Gemüse serviert wird. Als Zugabe zu Backkartoffeln wird gerne Sauerrahm mit Schnittlauch serviert. Er enthält viele gesunde Senföle, Vitamin C und mehr, wirkt innerlich desinfizierend und fördert die Verdauung. Kaiser Nero pflegte seine Stimme mit Schnittlauch und Olivenöl. Die röhrenförmigen Blätter wirken positiv auf die Schleimhäute und die Stimmbänder. Da sich die Inhaltstoffe ausgesprochen schnell verflüchtigen, ist er frisch am besten. Selbst eingefroren hat Schnittlauch schon sehr an Qualität verloren.

Die Lauchpflanze wächst mehrjährig und kann im Frühjahr gut geteilt werden. Ausgesät wird sie ebenfalls im Frühling in einen durchlässigen Boden im Halbschatten oder in der Sonne. Schnittlauch braucht regelmäßig Wasser. Wenn er erst einmal im Garten wächst, kann er über Teilung vermehrt werden. In einer geschützten, warmen Lage wächst Schnittlauch beinahe das ganze Jahr. Für den Winter können Sie sich die Zwiebeln aus dem Garten in einen Topf pflanzen. Dann sollten diese im Oktober aus der Erde kommen, gut ablagern und auch einmal durchfrieren. Ende November, Anfang Dezember pflanzen Sie ihn in einen Topf, wo er wieder anfängt auszutreiben.

# Schwarzkümmel

In Indien nicht wegzudenken, in europäischen Küchen eher selten, das ist Schwarzkümmel (Nigella sativa), der mit Kümmel nur den Namen teilt. Die Pflanze gehört nicht wie Kümmel und Kreuzkümmel zu den Doldengewächsen, sondern reiht sich bei den Hahnenfußgewächsen ein. Verwendet werden die kleinen, schwarzen Samenkörner, die anfangs bitter, später scharf und pfeffrig sind. Sie dienen somit auch als Pfefferersatz. Beim Zerreiben entströmt Schwarzkümmel ein campferartiger Geruch, der auch an Muskatnuss erinnert. Er verleiht vielen vegetarischen Gerichten Indiens einen besonderen Geschmack, würzt aber auch leichte Fleisch und Fischgerichte. Schwarzkümmel wird auch Nigella oder Zwiebelsamen genannt. In Indien nennt man ihn Kalonji. Dort gehört er zur Fünf-Gewürz-Mischung *Panch Foron*. Man findet Schwarzkümmel oft wie Mohnsamen über Kuchen und Brote gestreut, besonders über Fladenbrote. In den arabischen Ländern sind die schwarzen Samen noch heute gegen Kopfschmerzen beliebt, als so genanntes Schwarzkümmel-Aspirin. Dazu werden die Samen in ein Tuch gewickelt, zerrieben und unter die Nase gehalten. Die ätherischen Öle lassen die Schleimhäute abschwellen und machen den Kopf klar.

Schwarzkümmel wird im späten Frühjahr ausgesät. Bis zum Aufgehen darf der Boden nie austrocknen. Danach werden die Pflänzchen auf 30 Zentimeter vereinzelt. Ernten können Sie die Samenkapseln, wenn diese reif sind, sich aber noch nicht öffnen. Nach dem Trocknen entnehmen Sie die kleinen Samen. Unterschieden wird zwischen dem oben beschriebenen Echten Schwarzkümmel (Nigella sativa) und dem Damaszener Schwarzkümmel (Nigella damascena). Auch die Samen des Damaszener Schwarzkümmels können als Gewürz dienen, sind aber nicht identisch. Ihr Geruch soll erdbeerähnlich sein. Die Samen des Ackerschwarzkümmels (Nigella arvensis) sind wirkungslos.

# Sellerie

Sellerie (Apium graveolens „dulce") als Gewürz ist noch nicht lange im Gebrauch. Zwar ist Knollensellerie ein Bestandteil des Suppengrüns und gibt vielen Gerichten einen kräftigen Geschmack, aber die Samen als Gewürz werden erst seit dem letzten Jahrhundert verwendet. Es sind die des Stangenselleries, die sich im typischen Selleriesalz wiederfinden. Getrocknete Samen zum Würzen gibt es oft nur in Spezialgeschäften. Sie schmecken typisch kräftig und etwas bitter. Der botanische Beiname *graviolens* bedeutet sehr treffend „stark riechend". Für Gerichte, in denen nicht die Knolle mit gekocht werden soll, dienen die Samen als Sellerieersatz. Sie würzen Suppen, Soßen, Dips und vor allem Gerichte mit Tomaten, denn Sellerie und Tomaten sind ein ideales Paar. Auch für Gewürzbrote und herzhaftes Gebäck macht er sich gut. Der Samen kann ganz oder gemahlen verwendet werden. Im Selleriegewürz, welches im Handel angeboten wird, sind oft noch weitere Kräuter enthalten. Die Pflanze selbst wirkt entschlackend, harntreibend und blutdrucksenkend. Ihre Samen beruhigen und stärken die Nerven. Vielleicht kommt daher der Ruf, die Manneskraft zu stärken.

Der zweijährige Stangensellerie wird im zeitigen Frühjahr im Frühbeet oder etwas später im Freien ausgesät. Er braucht einen feuchten, fruchtbaren Boden und etwa 25 Zentimeter Abstand zwischen den Pflanzen. Die Stangen ernten Sie im Herbst. Für die Ernte der Samen müssen Sie diese stehen lassen, dann können Sie im nächsten Jahr ernten. Neben Stangensellerie gibt es den als Gemüse bekannten Knollensellerie und als frisches Würzkraut Schnittsellerie.

# Senf

Die scharfen Senfsamen gehören seit Jahrhunderten zu den begehrten Würzkörnern in der Küche. Bekannt sind Schwarzer Senf (Brassica nigra), der am schärfsten ist, Indischer Senf (Brassica juncea) und Weißer Senf (Brassica alba). Die Samen des Weißen Senfes sind milder und werden oft zum Einlegen, zum Beispiel von Gurken verwendet. Indischer Senf hat den Vorteil, dass er nicht bis zu drei Meter hoch wird, sondern mit 1,5 Metern Höhe die kleinste Pflanze ist, bei der die Samen auch nicht so leicht ausfallen. Daher wird diese Sorte inzwischen sehr häufig angebaut. Die Hochburg der Senfherstellung ist Dijon in Frankreich. Von dort kommt die Hälfte des auf der Welt verbrauchten Senfes. Aber auch englisches Pulver und hier natürlich deutsche Produkte sind weit verbreitet. Das Gewürz können Sie als ganze Körner, als Senfpulver und verarbeitet als Paste in verschiedenen Varianten von mild bis extrascharf kaufen. Die Körner werden wie schon erwähnt zum Einlegen verwendet, das englische Pulver würzt besonders gut Rindfleisch, Schinken oder Wild. Es verfeinert auch Würzsoße zu Fisch und Gemüse. Senfpaste in all seinen Varianten gehört zu Würstchen und Gegrilltem oder Gebratenem, zum Eisbein, wird zum Abschmecken von Salatdressing genommen oder auch für Eintöpfe und Soßen. Senfsoße passt zu hartgekochten Eiern und frisch gekeimte Samen bereichern ähnlich wie Kresse Salate und vegetarische Gerichte. Senf als Pflanze ist zwar überschaubar, Senf als Würzpaste allerdings nicht mehr. Jede Nation hat ihre für sie typischen Kreationen. Und wer gerne in der Küche experimentiert, kann sich seine eigene Paste herstellen und nach Herzenslust ausprobieren, was am besten mundet. Als Speisesenf wirkt das Gewürz appetitanregend und regt die Verdauung an. Senf vermehrt den Speichel- und den Gallenfluss, hilft einem trägen Darm und bei Verstopfung. Die Senföle wirken bis in die kleinsten Kapillaren, wodurch der gesamte Organismus besser mit Sauerstoff und Nährstoff versorgt wird. Wenig bekannt ist, dass die jungen Blätter und Blütenköpfe der Pflanzen hervorragend für einen Salat geeignet sind. Dafür ist der mildere Weiße Senf besser als der schwarze. Indischer Senf hat die größten Blätter und kann sogar wie Spinat verwendet werden. Diese sind reich an Provitamin A, Vitamin B und C sowie an Mineralsalzen.

Egal welche Senfsorte Sie anbauen wollen (alle drei sind geeignet), sie wird im Frühjahr ausgesät und reift bis zum Spätsommer. Vorausgesetzt Ihr Senf bekommt einen sonnigen Standort mit gutem fruchtbarem und feuchtem Boden. Der Abstand zwischen den Pflanzen sollte 35 bis 45 Zentimeter betragen. In den letzte Wochen müssen Sie gut aufpassen, da reifer Samen schnell ausfällt. Am besten schneidet man die Dolden kurz vor der Reife ab und lässt sie warm und trocken nachreifen.

<u>Bilder von links oben nach rechts unten:</u>

Schnittlauch, Schwarzkümmel, Sellerieblatt, Senf, Sesamkörner, Sternanis

# Sesamsamen

Sesam (Sesamum indicum) ist weit verbreitet, besonders im Mittlerem und Fernen Osten. Es wird vermutet, dass es die älteste Pflanze ist, die wegen ihrer Samen angebaut wird. Diese streut man über Brote und Gebäck. Sie können aber noch viel mehr. Verwendet werden die ganzen Samen und auch eine Paste, die aus gemahlenen Sesamsamen besteht. Diese Tahina-Paste ist eine häufige Zutat in Rezepten des Mittelmeerraumes und des Orients. Sie gehört zum Beispiel zu *Hummus bi Tahina*, einem würzigen Kichererbsen- und Sesampüree oder zum süßen *Halva*. Sesamsamen werden vor dem Gebrauch in einer Pfanne angeröstet, bis sie springen. Sie werden luftdicht aufbewahrt. Genauso weit verbreitet ist Sesamöl. Es wird nicht als allgemeines Speiseöl verwendet, sondern wegen seines nussigen Geschmacks. An frische Salate gegeben ist es eine Bereicherung. Aus der japanischen und koreanischen Küche ist Sesam nicht wegzudenken.

Die Pflanze wird in tropischen Regionen aus Samen gezogen und ist nach drei bis sechs Monaten reif.

# Sternanis

Auch wenn Sternanis (Illicum verum) eindeutig den Geschmack von Anis hat, kann der in Europa wachsende Anis diesen nicht ersetzten. Sternanis ist die hübsche kleine sternförmige Frucht eines Magnoliengewächses. Diese ist in der chinesischen Küche unentbehrlich und gehört zum viel verwendeten *Fünf-Gewürz-Pulver*. Die hübsche Frucht würzt Schweinefleisch, Hühnchen, Ente und Rind, besonders wenn die Gerichte lange kochen. In der westlichen Küche werden Fruchtsirup und Gelee damit verfeinert. Auch Anisschnaps enthält Sternanis. Bei diesem Gewürz ist es besser, die ganzen getrockneten Früchte zu kaufen. Das Pulver verliert zu schnell an Aroma.

Der immergrüne Baum, durch Samen vermehrt, wächst in Südchina und Südostasien. Die Sterne werden vor der Reife geerntet und dann getrocknet.

## Thymian

Ohne Thymian (Thymus vulgarus) ist ein Gewürzregal nicht vollständig und ein Garten erst recht nicht. Er wird als balsamisch-süßliches Kraut beschrieben, aber auch als scharf und aromatisch. Wenn Sie einen Schweine- oder Geflügelbraten füllen möchten, brauchen Sie Thymian. Er gehört an viele deftige Gerichte. Verwendet werden die frischen oder getrockneten Blättchen. Zwei Arten sind besonders beliebt. Es ist der Zitronenthymian (Thymus x citriodorus) und der Kümmelthymian (Thymus herba-barona). Da das Kraut auch als Heilpflanze sehr wirksam ist, wird es schon seit Jahrhunderten genutzt. Die kleinen Blättchen würzen Brat- und Grillfleisch, Käse, Salate, Marinaden und aromatisieren Essig und Öl. Zitronenthymian passt hervorragend an einige Süßspeisen. Die Pflanze wirkt appetitanregend und hilft den Atem- und Verdauungsorganen. Thymianessig ist beliebt für Salate und Dressings. Das Würz- und Heilkraut wirkt desinfizierend, antibakteriell und gegen Schimmelpilze. Früher wurden viele Fleischwaren damit geräuchert und Käse und Getreide konserviert. Bei allen Entzündungen im Rachenraum ist Thymian wohltuend. Er beruhigt den Magen und die Nerven, wirkt abends schlaffördernd und soll sogar bei Migräne helfen.

Alle Thymianarten wachsen am besten, wenn Sie karge Bedingungen vorfinden. Ein nährstoffarmer, steiniger Boden und volle Sonne bringen das beste Aroma hervor. Am aromatischsten ist er mittags, wenn die Sonne am höchsten steht und kurz vor der Blüte. Die verbleibenden Blüten werden gerne von Bienen angeflogen. Pflanzen Sie verschiedene Thymianarten, dann haben Sie den ganzen Sommer über Bienen im Garten. Leider kann Ihnen der kleine Zwergstrauch in einem kalten Winter auch eingehen. Die Pflanze wird im Frühjahr ausgesät. Sie wächst mehrjährig und breitet sich kriechend aus, wenn ihr der Standort zusagt.

## Vanille

Vanille ist die lackschwarze Schote eines tropischen Orchideengewächses (Vanilla planifolia fragans). Das echte Gewürz schmeckt süß und duftend. Der im Handel übliche Vanillegeschmack wird aus Nelken und anderen Zutaten hergestellt. Er entspricht nicht dem der echten Vanille. Für das feine Aroma muss man sich die eine schwarze Schote kaufen (meistens im Glasröhrchen) oder die echte Vanilleessenz. Als Gewürz wird diese zu Süßspeisen wie Eis und Pudding verwendet. Sie veredelt Kakao- und Kaffeegetränke, *Soufflés*, Kuchen, Gebäck, Obstgerichte und getrocknete Früchte. Vanille gehört auch in *Crème_brûlée* und *Creme caramel*. Auch süße Milchgetränke werden mit dem feinen Geschmack gewürzt. Das Besondere an der Schote ist, dass sie mehrmals genutzt werden kann. Wenn Sie diese für ein Gericht verwendet haben, wird sie anschließend gewaschen, sehr gründlich getrocknet und dann wieder luftdicht aufbewahrt. Von Vanilleessenz verwenden Sie immer nur wenige Tropfen, da sie sehr konzentriert ist. Wenn Sie den Geschmack lieben, können Sie sich Ihren Vanillezucker mit einer echten Schote selbst herstellen. Geben Sie dazu Zucker und eine aufgeschlitzte Vanilleschote in ein Marmeladen-Schraubglas. Früher war der Gebrauch der Kostbarkeit in Klöstern verboten. Nicht ohne Grund. Das Gewürz soll sehr anregend wirken, sowohl auf die Nieren, die Verdauung und auf den ganzen Unterleib. Kakao mit Vanille war als erotisierendes Getränk bei den Azteken beliebt.

In tropischen Regionen wird die Orchidee in Plantagen an Pfosten und Bäumen hochgezogen. Neun Monate nach der Befruchtung, die im kommerziellen Anbau künstlich erfolgt, werden die noch unreifen Schoten geerntet, die weder duften noch süß sind. In weiteren sechs Monaten durchlaufen Sie einen komplexen Prozess, durch den sich der Duft und die Würze zeigen. So ist es verständlich, dass die echte Vanille ein teures Gewürz ist. Das Bild zeigt eine Pflanze im Botanischen Garten in Berlin.


# Wacholder

Die blauschwarzen Beeren des Wacholders ( Juniperus communis) schmecken süß, aromatisch und holzig. Sie sind als Gewürz besonders in Schweden, Deutschland, Italien und auch Südeuropa beliebt. Wacholderbeeren würzen vor allem dunkle Fleischgerichte, wie Wildschwein-, Hirsch-, Rindfleisch und andere. An deftige Eintöpfe mit Ochsenschwanz und Rindfleisch gibt man sie ebenfalls. Sie passen auch gut an würzige Apfelgelees, an Rot- und Weißkraut, *Marinaden* und eingelegte Pilze. In *Pasteten* mit Maronen- oder Fruchtfüllung ist Wacholder besonders lecker. Bekannt ist er auch als geschmackgebendes Gewürz in Wacholderschnäpsen wie Gin, Steinhäger und Genever. Vor dem Würzen werden die Beeren zerdrückt. Sie halten sich in luftdichten Behältern beinahe unbegrenzt. Man kann sie aber auch ganz in den Gerichten mit kochen. Da Wacholderbeeren sehr würzig sind, reichen sechs bis acht Stück pro Gericht. In südlichen Gefilden ist ihr Geschmack angenehmer als bei Ernten aus kalten Gebieten. Als Heilpflanze wird der Strauch seit dem Mittelalter sehr geschätzt. Die harntreibenden Beeren wurden bei Nierenleiden und Entzündungen der Harnblase verordnet.

Wacholder wächst in nördlichen Regionen, wo er etwas Sonne braucht und einen kalkigen Boden. Die Beeren reifen nur auf weiblichen Sträuchern. Etwa drei Jahre nach dem Pflanzen erscheinen die ersten Früchte. Danach finden sich alle Reifestadien der Beeren gleichzeitig an dem Zypressengewächs. Sie können fortlaufend geerntet werden.

## Ysop

Ysop (Hyssophus officinalis) wurde ursprünglich ausschließlich als Heilpflanze betrachtet und daher auch nur in Apotheken verkauft. Köche betrachten Ysop als Würzkraut mit seinem bitteren und minzeartigen Geschmack mit Skepsis. Auch die Geschmacksbeschreibung würzig, bitter und campferartig findet sich in der Literatur. Heute wird Ysop zum Würzen von Fleisch, Suppen und Würsten verwendet. Auch in einigen Fruchtrezepten findet er sich wieder. Das Kraut ist eine Zutat im *Likör Chartreuse*. Es soll nie ganz roh verwendet werden, wird aber auch nicht lange erhitzt. Seine Blättchen kochen und braten Sie also immer nur kurz mit. Aus medizinischer Sicht hilft die Pflanze als Gurgellösung gegen Halsschmerzen. Die Blätter sind bemerkenswert. Auf ihnen wächst ein Pilz, der Penicillin produziert. Somit fördert die Pflanze den Heilungsprozess und verhindert Infektionen auf Wunden. Und wie könnte es anders sein, auch Ysop stärkt den Magen und den ganzen Verdauungstrakt.

Der kleine Halbstrauch fühlt sich an einem sonnigen Platz mit eher trockenem Boden wohl. Er kann im Frühling ausgesät werden, lässt sich aber leichter durch Teilung und Ableger vermehren. Vor starken Frösten braucht Ysop etwas Schutz. Die Pflanze sollte alle vier bis fünf Jahre ersetzt werden.

# Zimt und Kassia

So häufig wie zu Zeiten der Römer und im Mittelalter wird Zimt (Cinnamomum verum syn. C. zeylanicum) heute nicht mehr verwendet. In einem guten Gewürzregal darf er trotzdem nicht fehlen. Zimt ist die dünne, getrocknete Rinde eines Lorbeergewächses, welches zu Stangen aufgerollt wird. Kassia ist eine etwas dickere Rinde von Cinnamomum cassia. Beide haben ein ähnliches Aroma, wobei Zimt süßer und milder ist. Kassia wird auch als chinesischer Zimt bezeichnet. Sie können das Gewürz in Stangen und gemahlen kaufen. Da sich Zimtstangen schlecht mahlen lassen, ist es besser, auch eine kleine Menge Pulver im Haus zu haben. Der warme Geschmack passt zu süßen Gerichten, wie Pudding, Kuchen, Keksen, zu Apfelkompott und natürich mit Schokolade über den italienischen Cappuccino gestreut. Milchreis mit Zimt und Zucker ist ebenso weit bekannt. Das Gewürz wird auch für einige salzige Fleischgerichte des Mittleren Ostens verwendet. in indischen Currys und im *Garam Masala*. Gefüllte Auberginen und Lammeintopf sind weitere Beispiele. Kassia gehört zur chinesischen *Fünf-Gewürz-Mischung*. Im Apfelkompott soll Stangenzimt weit besser sein als das Pulver. Aus gesundheitsfördernder Sicht gilt Zimt als ein anregendes und erotisierendes Mittel. Zusammen mit Nelken und Honig mischte man Mundpastillen, die gerne als „Muntermacher" genommen wurden. Solche Duftstoffe regen über das Nervensystem tatsächlich die Sexualdrüsen an.

Zimt und Kassia wachsen heute überwiegend in Plantagen. Sie brauchen ein tropisches, heißes und feuchtes Klima.

# Zitronenmelisse

Zitronenmelisse (Melissa officinales) ist ein Halbstrauch, dessen Blättchen wie der Name es sagt, zitronig und frisch schmecken. Mit ihnen werden Erfrischungsgetränke für den Sommer gewürzt. Sie verfeinern Obstsalate, Marmeladen, Dressings und auch Puddings. Der Zitronengeschmack kann als Ersatz für geriebene Zitrone dienen, ist aber nicht gleichwertig. Ein Tee aus Zitronenmelisse wirkt beruhigend und soll das Einschlafen fördern. Als Heilpflanze wird sie hauptsächlich bei nervösen Störungen von Magen, Darm und Herz verwendet.

Wer Zitronenmelisse im Garten hat, braucht sich um die Pflanze nicht weiter kümmern. Sie sät sich gerne selbst aus und vermehrt sich zusätzlich über Wurzelausläufer. Zitronenmelisse mag feuchten und humosen Boden im Halbschatten. Ihre Blüten ziehen Bienen magisch an. Im Winter frieren die oberirdischen Teile komplett ab und treiben im Frühjahr wieder aus. Geerntet wird nur das frische Kraut von nichtblühenden Pflanzen, da sich das Aroma der Blätter durch die Blüte negativ ändert. Sie müssen sich also entscheiden, ob Sie die Blüten für die Bienen haben wollen oder die Blätter zum Würzen.

Bilder von links oben nach rechts unten:

Thymian, Vanille, Wacholder, Ysop, Zimt (Stangen und gemahlen), Zitronenmelisse

69

# Salz

Salz (Natriumchlorid) ist kein Gewürz sondern ein unverzichtbarer Geschmacksstoff, der den Geschmack vieler Nahrungsmittel unterstreicht und in manchen das bittere Aroma unterdrückt. Das weiße Gold wurde über Jahrhunderte und wird auch heute noch als Konservierungsmittel genutzt. Man könnte denken, Salz ist gleich Salz. In der feinen Küche unterscheiden wir aber sehr wohl zwischen verschiedenen Arten.

Salz gibt es als reines Steinsalz in unbehandelten, einzelnen Kristallen, als Block oder als Kochsalz, welches frei von chemischen Zusatzstoffen ist. Dieses ist sehr hochwertig. Ebenso ist gutes Meersalz beliebt, besonders dann, wenn es durch die Verdunstung bei windstillem Wetter und hoher Sonneneinstrahlung entsteht. Es ist als *Flor de Sol oder Flor de Sel* im Handel und hat seinen Preis. Tafelsalz wird mit Hilfe von Zusatzstoffen, zum Beispiel Magnesiumkarbonat, streufähig gemacht. Zum Konservieren von Fleisch werden den weißen Kristallen oft kleine Mengen von Salpeter (Kaliumnitrat) beigemengt. Dies bewirkt die rosa Farbe von eingelegtem Fleisch. Pökelsalz ist ein raffiniertes Steinsalz und somit wieder etwas anderes. Die Kristalle sind also tatsächlich verschieden. Beim Salzen selbst können manchmal Fehler passieren. Der häufigste ist sicher, dass Sie zu viel genommen haben. Helfen kann dann nur, das Gericht zu strecken oder eventuell etwas Milch oder Sahne hinzuzugeben. Auch das Mit kochen einer rohen Kartoffel entzieht den Speisen Salz. Gemüse behält seine Nährstoffe beim Dünsten, wenn die Kristalle erst danach zugegeben werden. Trockene Bohnen, Linsen und andere Hülsenfrüchte garen Sie in ungesalzenem Wasser, sie werden sonst hart. Auch an Fleisch, welches für Eintöpfe erst angebraten wird, kommt das Salz nach dem Anbraten, denn dieses entzieht dem Fleisch den Saft. Wenn es saftig bleiben soll, wird es erst kurz vor dem Garen gesalzen. Und nicht zuletzt gilt die Regel, dass auch an süße Speisen eine Prise Salz gehört, so wie herzhafte Gerichte gut ein wenig Zucker, Honig oder andere Süße vertragen. Bittere Zucchini, Auberginen und Gurken können in Scheiben geschnitten mit Salz bestreut werden. Nach etwa ½ Stunde soll dieses die Bitterstoffe herausgezogen haben.

# Zucker und Honig

Zucker ist so wie Salz kein Gewürz aber ein Geschmacksstoff, der weltweit in allen Küchen eine bedeutende Rolle spielt. Er ist ein Produkt aus Zuckerrohr (Saccharum officinarum) oder Zuckerrübe (Beta vulgaris). Beide Zucker sind identisch, wobei die Rübe keine braunen Kristalle hergibt. Auch wenn der Stoff schon früher bekannt war, kam die europäische Welt bis zum 16. Jahrhundert fast ohne diesen aus. Man süßte die Speisen mit Honig. In den Zeiten der Renaissance verbrauchten die Europäer einen Teelöffel Zucker pro Kopf und Jahr. Der Verbrauch in den 100 Jahren von 1690 bis 1790 betrug dann immerhin schon 12 Millionen Tonnen. Das ist weniger als die Europäer heute in einem einzigen Jahr verbrauchen. Als Zucker begann die Welt zu erobern, zahlten Millionen Sklaven für den süßen Stoff mit ihrem Leben und das für ein Produkt, welches für eine gesunde Ernährung nicht notwendig ist. Wenn Sie sich völlig ohne Zucker ernähren, entsteht in Ihrem Körper kein Mangel. Er gehört somit nicht in die Reihe der Kräuter und Gewürze, die eine gesundheitsfördernde Wirkung haben. Im Gegenteil, in den heute üblichen Verzehrmengen ist Zucker ein äußerst schädlicher Geschmacksstoff. Dennoch wurde er hier mit aufgenommen, denn er taucht in unzähligen Rezepten für Kuchen, Plätzchen, Bonbons, Konfekt, Puddings, Marmeladen, Konfitüren und Gelees auf, süßt Getränke und gehört in viele süß-saure und selbst herzhafte Gerichte.

Der Handel bietet verschiedene Arten von Zucker an. Dunkelbrauner Muscovado ist unraffiniert. Er entsteht während dem ersten Stadium des Raffinierens. Eine andere braune Art ist Barbados Demerara. Schauen Sie sich braunen Zucker aber genau an. Es kann auch raffinierter (weißer) Zucker sein, der mit Karamell braun gefärbt wurde. Weiße Kristalle sind immer raffiniert. Sie werden leider am häufigsten verwendet. Puderzucker ist nur besonders fein gemahlen. Vanillezucker ist aromatisiert, den es als solchen auch mit anderen Aromen wie Zimt, Anis, Ingwer und weiteren gibt.

Um den Verbrauch von raffiniertem Zucker einzuschränken, können Sie Honig als Alternative verwenden. Er besteht aus Frucht- und Traubenzucker und enthält zahlreiche Mineralstoffe und Substanzen, die bei den verschiedenen Honigarten ein unterschiedliches Aroma verursachen. Viele Köche greifen als Süßungsmittel inzwischen mehr auf Honig zurück. Er süßt stärker als Zucker, wird also in geringeren Mengen verwendet. Dies und seine meistens flüssige Konsistenz müssen Sie bedenken, wenn Sie in einem Rezept Honig anstelle von Zucker verwenden. Beim Mit kochen von Honig während der Zubereitung von heißen Speisen, gehen wertvolle Inhaltstoffe verloren. Stellen Sie sich daher ruhig verschiedene Sorten in den Schrank. Besonders wohlschmeckender Lavendel-, Heide-, Linden- oder anderer Sortenhonig sollte nicht erhitzt werden. Bei preiswertem Mischhonig aus dem Supermarkt können Sie es tun.

Weitere Alternativen sind Ahornsirup, Agavendicksaft, Fruchtsirup wie Grenadine und Cassis, Stevia oder die Süßdolde. Ahornsirup entsteht aus dem Saft zweier Arten von nordamerikanischem Ahorn. Grenadine ist konzentrierter Sirup aus Zucker und Granatapfel, Cassis aus Zucker und Johannisbeere. Agavendicksaft und Süßdolde: siehe nächstes Kapitel.

**Salz**　　　　　　　　　　**Zucker, Honig, Stevia**

Kräuter und Gemüse

Acryl auf Leinwand (29 x 39 Zentimeter)

Heike Dommnich

# Weitere Kräuter und Gewürze in zwei bis drei Sätzen

Agavendicksaft: ist eingedickter Saft von Agaven (Agave americana und anderen). Die Flüssigkeit ist dünner als Honig und noch süßer als dieser. Es sind ausschließlich Fruchtzucker enthalten. Veganer, die auch auf Honig verzichten, verwenden oft Agavendicksaft.

Ajowan (Trachyspermum ammi oder Carum ajowan): Doldengewächs, dessen kümmelartige Samen leicht bitter schmecken mit einem starken Thymianaroma. Sie werden als Thymianersatz verwendet, sind aber stärker als dieser. Das Gewürz gehört zur indischen Küche.

Alant (Inula helenium): ist eine bis zu zwei Meter hohe Staude mit gelben Korbblüten. Verwendet wird die scharf und bitter schmeckende Wurzel. Sie wird kandiert zu Süßigkeiten und heute auch im Absinth gebraucht.

Amchoor: ist ein weißlich gelbes Pulver von unreifen und getrockneten Mangos ( Mangifera indica). Es schmeckt fein säuerlich und natürlich mango-typisch. In Indien würzt das Pulver verschiedene vegetarische Linsengerichte (Dals).

Annatto (Bixa orellana): sind die Samen des Orleanstrauches, mit pfeffrigem Aroma und Muskatgeschmack. Sie werden als orangene Lebensmittelfarbe für Käse wie Edamer, Munster und andere verwendet. Die Maja nutzten sie für ihre Kriegsbemalung als „Farbe des Feuers".

Balsamkraut (Chrysanthemum balsamita): auch als Marienkraut bekannt. Ausdauernd. Die frischen, balsamischen Blätter würzen Salate, Soßen, Suppen , Wild und Geflügel. Sparsam verwenden, da kräftiger Geschmack. Im Mittelalter häufig, heute in Vergessenheit geraten.

Bärlauch (Allium ursinum): ausdauernde Lauchart, deren frische Blätter im Frühjahr die Küche bereichern. Sie verfeinern Salate, Quark und Frischkäse, Kräuterbutter und Pesto. Die Zwiebelpflanze wird im Frühjahr an Stelle von Schnittlauch genommen, hat aber einen leichten Knoblauchgeschmack.

Beinwell (Symhytum officinalis): einheimische, ausdauernde Staude für feuchte Lagen. Junge Blätter können wie Spinat gegessen werden, die Stängel blanchiert wie Sellerie.

Bertram (Anacyclus pyrethrum): eine Pflanze, die äußerlich der Kamille ähnelt aber sehr scharf schmeckt. Sie wird wieder verwendet, da *Hildegard von Bingen* den Bertram als tägliches Kraut für die Ernährung empfahl.

Bibernelle (Poterium sanguisorba syn. Sanguisorba minor): hat Blätter mit nussigem, etwas scharfem Gurkengeschmack, die gut in Salaten, zu Kräuterbutter, Weichkäse oder über Gemüse sind. Würzt auch Sommerbowlen und Obstsalate. Ausdauernde Pflanze, in Europa einheimisch, unkomplizierte Staude.

Brennnessel (Urtica dioica): für Brennnesselsuppe oder „pasta verde", also grüne Nudeln beziehungsweise Tee, der im Frühjahr als Kur empfohlen wird. Gilt im Volksmund als Blutreiniger und verdient diese Bezeichnung auch. Hat zweimal so viel Eisen, fünfmal so viel Kalzium und sogar sechsmal so viel Vitamin C wie Spinat.

Brunnenkresse (Nasturium officinale): hat einen scharfen, rettichartigen Geschmack. Die frischen Blätter würzen Salate oder Kräuterquark. Wird als Blutreinigungsmittel bezeichnet.

Curryblatt (Murraya koenigii): es sind die Blätter eines tropischen Baumes, wie der Name sagt, für Currys in der asiatischen Küche. Oft in vegetarischen Gerichten.

Eberraute (Artemisia abroranum): filigrane Blätter mit süß-
aromatischem Duft, schwach nach Zitrone. Würzen frisch verschiedene Salate und gehören in wenige Rezepte als Füllung in Geflügel. Der
Halbstrauch vertreibt Insekten, leider auch Bienen.

Eibisch (Althaea officinalis): gehört zu den Malven. Aus den Wurzeln
machte man früher Süßigkeiten. Blatt, Blüte und Samen können an
frische Salate gegeben werden.

Engelwurz (Angelica archangelica): in früheren Jahrhunderten viel
verwendet. Heute als kandierte Stängel für Kuchen und Konfekt. Samen aromatisieren Getränke (Kräuterliköre), Blätter würzen Kompott,
Käse und Käsegerichte. Nicht für Diabetiker!

Galgant (Alpinia officinarum): Notfallgewürz bei Bauchkrämpfen der
*Hildegard von Bingen*. Ein Ingwergewächs. Verwendet wird die Wurzel,
welche etwas bitter aromatisch schmeckt und an Ingwer erinnert.
Gehört zu vielen Currys, zum Leberwurstgewürz und in verschiedene
Kräuterliköre.

Gartenkresse (Lepidium sativum): mit Brunnenkresse verwandt. Frische Blättchen würzen Salate und können direkt aufs Brot gegeben
werden. Rettichgeschmack. Regt den Kreislauf an. Je älter die Pflanze
ist, desto schärfer sind die Blätter.

Gelber Enzian (Gentiana lutea): zur Herstellung von Enzianschnäpsen.
Wirkt verdauungsfördernd, kann aber überdosiert werden.

Gelbdolde (Smyrnium olusatrum): früher Petroselinum alexandrinum,
also Petersilie aus Alexandria genannt. Wurde im Mittelalter sehr häufig verwendet. Samen kann man mahlen und wie Pfeffer verwenden.

Junge rohe Blätter gehören an Salate und auch zu Fisch. Die Stängel werden wie Spargel serviert. Zweijährig, winterfest.

Gemeiner Hopfen (Humulus lupulus): aromatisierend und konservierend für die Bierherstellung. Wirkt beruhigend. Junge Seitensprosse können wie Spargel serviert werden.

Holunder (Sambucus nigra): europäischer, sommergrüner Strauch. Blüten als Tee, für Pfannkuchen, Gelee, Puddings und Getränke. Früchte für Wein, Marmelade, Holundersuppe, Chutneys.

Honigklee (Melilotus officinalis): ist eine originelle Würze für Bier und Käse. Gehört zum Greyerzer Käse und zum Glarner Schabziger (grüner Käse). Blätter gibt man in geringen Mengen an Wurst, Fleischmarinaden und zur Füllung von Kaninchen.

Kaffee (Coffea arabica, Coffea robusta und weitere): ist als Getränk weltweit bekannt. Wird aber auch ähnlich wie ein Gewürz in Süßspeisen, Eiscreme oder Kuchen verwendet. Immer frisch mahlen, schon nach 30 Minuten verlieren die Bohnen nach dem Mahlen an Aroma.

Kakao (Theobroma cacao): Dem Kakaobaum verdanken wir die Schokolade. Kakaopulver und verschiedene Arten Schokolade würzen nicht nur Süßspeisen sondern auch herzhafte Gerichte, so das mexikanische Nationalgericht Mole, ein Truthahneintopf mit Kakao und Chili.

Kapuzinerkresse (Tropaeolum majus): Blätter und Blütenknospen schmecken wie Kresse und würzen Salate und Sandwichs. Die jungen Samen werden in Essig eingelegt und als Kapernersatz verwendet.

Lakritz (Glycyrrhiza glabra): süß-bitterer Anisgeschmack. Die Wurzel wird getrocknet und gerieben verwendet für Konfekt, Kaugummi, für Sirup und alkoholische Getränke wie Raki und Sambucca.

Löwenzahn (Taraxacum officinale): getrocknete Wurzel gemahlen als Kaffeeersatz, frische, junge Blätter in Salaten, über Suppen und Gemüse.

Mädesüß (Filipendula ulmaria syn. Spirea ulmaria): Die Blüte gibt Konfitüren und Kompotten einen leichten Mandelgeschmack. Die Blätter können an Suppen gegeben werden.

Märzveilchen (Viola odorata): ist das am stärksten duftende Veilchen. Die Blüten werden kandiert und schmücken Puddings, Eiscreme und Kuchen. Man kann aus ihnen einen Sirup herstellen, der die violette Farbe behält solange das Wasser nicht zum Kochen kommt.

Mahaleb (Prunus mahaleb): getrocknete Samenkerne der Felsenkirsche, die stark nach Nüssen schmecken mit etwas Mandel- und Kirscharoma. Sie werden im Mittleren Osten und der Türkei für Gebäck und Kuchen verwendet sowie für Brot und Pasteten. Ganze Samen kaufen und erst kurz vor dem Gebrauch mahlen.

Muskatellersalbei (Salvia sclarea): ist eine hohe, dekorative Salbeisorte, deren aromatische frische Blätter mit einer Zitronennote auftrumpfen. Sie gehören zu Pfannkuchen, selbstgemachten Weinen, Omelettes, Suppen und Soßen.

Mutterkraut (Chrysanthemum parthenium): ist mehr eine Heilpflanze als eine Würzpflanze. Sie ähnelt äußerlich der Kamille. Die frischen Blättchen mit ihrem würzig-aromatischen Geschmack werden jedoch gerne aufs Brot gelegt.

Myrte (Myrtus communis): immergrüner Strauch. Verwendet werden die gemahlenen Beeren, die wie milde Wacholderbeeren schmecken, sowie die Blätter. Diese sollen nach dem Kochen in den Schweinebraten gegeben einen delikaten Geschmack erzeugen.

Portulack (Portulaca oleracea): hat viel Vitamin C und ergibt eine knackige Salatpflanze. Die dicken Blättchen werden aber auch oft gekocht, zum Beispiel mit Sauerampfer zu einer Suppe.

Rainfarn (Tanacetum vulgare): ist eine mehrjährige Staude mit gelben Blüten. Frische oder getrocknete Blätter werden verwendet in kleinen Mengen für Fleischgerichte, Pfannkuchen, Salate, Eiergerichte und Kuchen.

Raute (Ruta graveolens): auch Wein- oder Gartenraute genannt. Hat einen bitteren und säuerlichen Geschmack. In geringen Mengen frisch an Salate, auf Sandwichs und zum Käse. Unkomplizierter Halbstrauch.

Ringelblume (Calendula officinalis): Als Heilpflanze weit verbreitet. In der Küche werden die Blütenblätter als färbender Safranersatz verwendet. Im Garten völlig unkompliziert.

Rose: Blütenblätter für Marmeladen und Gelees, Bowlen. Hagebutten für Wein, Soßen und Gelee als reichlicher Vitamin-C-Spender. Es gibt zahlreiche Rosenarten. Sie gehörten früher als Heilpflanze in jeden Klostergarten.

Sauerampfer (Rumex scutatus): für Sauerampfersuppe, Salate, fette Fleischgerichte, in Füllungen zum Fleisch, in Soßen und Omelettes. Wächst wild in Europa, kann aber auch im Garten angebaut werden

Stevia (Stevia rebaudiana): auch Süßkraut, Süßblatt oder Honigkraut genannt. Hat eine enorme Süßkraft und wird dementsprechend verwendet. Gewinnt gegenwärtig stark an Bedeutung als natürlicher Zuckerersatz. Die Pflanze ist nicht frosthart und muss daher einjährig kultiviert werden.

Stockrose (Alcea rosea): die Blüten werden ohne Kelche als Lebensmittelfarbe zum Färben von Tees und Weinen verwendet. Die Blätter können in Suppen gegeben werden, die Wurzel lässt sich in Butter braten.

Sumach (Rhus corioria): Getrocknete Samen einer Pflanze aus dem Mittelmeerraum. In arabischer Küche und im Mittleren Osten weit verbreitet. Fruchtig, säuerlicher Geschmack. Wird wie Essig oder Zitrone verwendet.

Süßdolde (Myrrhis odorata): europäische Staude, deren Blätter, Samen und Wurzel verwendet werden, um Zucker in Fruchtspeisen zu ersetzen. Frische Blätter in Salate und zum Gemüse. Werden Blätter von Süßdolde mit sauren Früchten, wie Stachelbeeren, Rhabarber oder Johannisbeeren mitgekocht, so mildert dies deren Säure und spart Zucker. Wächst willig in frischem Boden mit Halbschatten, braucht aber viel Platz.

Bilder von links oben nach rechts unten:

Bauernrose, Märzveilchen, Rainfarn, Gartenkresse, Holunderblüten, Ringelblumen

Tamarinde (Tamarindus indica): wie der lateinische Name sagt, ein indischen Gewürz. Dort beliebt wegen seinem fruchtigen, säuerlichen Geschmack. Hauptbestandteil der *Worcestershire-Sauce*.

Teufelsdreck (Ferula asafoetida): aus dem gehärteten Saft riesiger, asiatischer Fenchelpflanzen. Indisches Gewürz mit knoblauchartigem Aroma. Er wird teilweise als Gestank bezeichnet, welcher beim Kochen allerdings völlig verschwindet. Wird nur in winzigen Mengen gebraucht. Das Gewürz ist auch unter dem Namen Asant bekannt.

Waldmeister (Galium odoratum): aromatisiert Bowlen und Erfrischungsgetränke. Wirkt in hohen Dosen toxisch. Gehört zur beliebten Maibowle.

Wermut (Artemisia absinthium): mehrjährige, hohe Staude. Aromatisches Bittermittel. Wird zur Herstellung von Wermutweinen verwendet. Absinth ist ein bekanntes alkoholisches Getränk mit Wermut.

Wiesenschaumkraut (Cardamine pratensis): geeignet für schattige, feuchte Standorte. Blätter enthalten Vitamin C, schmecken ähnlich wie Brunnenkresse und passen gut zu Salaten.

Zitronengras (Cymbopogone citratus): häufiges Gewürz der südostasiatischen Küche. Würzt viele Speisen mit seinem Zitronengeschmack, wie Suppen, Geflügel, Meeresfrüchte und verschiedenes Fleisch. Kann durch Zitronenschale mit etwas geriebenem Ingwer ersetzt werden.

Zitronenverbene (Aloysia triphylla syn. Lippia citriodora): Blätter mit starkem Zitronengeruch, der auch im getrockneten Zustand hält. Für frische Salate, Geflügelfüllungen, Eis, Pilzgerichte und mehr. Leider nicht frosthart. In einem Kübel aber empfehlenswert.

# Allgemeines zu Gewürzen und Kräutern

## Grundregeln für den Kräutergärtner

Frisch sind alle Küchenkräuter am besten. Natürlich können Sie nicht alle hier beschriebenen Pflanzen im Garten selbst ziehen. Viele der Kräuter wachsen jedoch willig in Beeten, Kübeln und selbst in kleinen Töpfen. Sie brauchen nicht unbedingt einen großen Garten. Der Balkon und selbst ein Fensterbrett reichen für einige wichtige Kräuter wie Petersilie, Schnittlauch und Basilikum.

Lavendel, Rosmarin, Salbei, Oregano, Thymian, Dill, Stevia, Minze, Koriander, Kerbel und viele weitere lassen sich in Kübeln ziehen. Selbst Lorbeer, welches eigentlich ein Baum ist, wächst hervorragend im Kübel. Manche Kräuter entwickeln gerade in begrenzten Gefäßen auf einem geschützten Balkon ein besonders gutes Aroma. Ob Sie Holz-, Terrakotta-, Metall- oder Plastikgefäße verwenden, ist Ihrem Geschmack überlassen. Wer sich in einem Garten einen Bereich für Kräuter anlegen kann und will, wird schnell feststellen, dass die Auswahl zwischen den vielen Möglichkeiten nicht leicht fällt.

Die meisten Kräuter lieber Sonne und einen durchlässigen Boden. Dennoch gibt es einige, die den Halbschatten bevorzugen und feuchte Erde brauchen. Ausgesät beziehungsweise gepflanzt wird bei zunehmendem Mond. Petersilie benötigt jährlich einen neuen Platz. Mehrjährige Halbsträucher, wie Salbei, Rosmarin, und Lavendel können Sie über Stecklinge vermehren. Ausdauernde Pflanzen wie Zitronenmelisse, alle Minzearten und Meerrettich breiten sich schnell aus. Im Kübel lässt sich das starke Wachstum in Schach halten. Diese Pflanzen werden über Wurzelausläufer oder Wurzelstecklinge vermehrt. Gewächse aus dem Mittelmeerraum wie Basilikum und Bohnenkraut gedeihen nur bei voller Sonne und mäßig Wasser. Basilikum leidet schnell unter nassen Füßen. Da ihn auch Schnecken lieben, steht er allein deshalb besser im Kübel. In größeren Gefäßen kombinieren Sie nur solche Kräuter, die ähnliche Ansprüche haben. Pflanzen Sie zum Beispiel Schnittlauch, Majoran, Thymian und Salbei zusammen. Eine solche Kombination gehört in die warme Sonne. Einen Mix aus Minze, Petersilie, Schildampfer und Zitronenmelisse stellen Sie dagegen in den Halbschatten. Diese Pflanzen bevorzugen feuchte, tiefe Erde. Gerade Petersilie benötigt für ihre Pfahlwurzel einen Topf mit reichlich Platz. Setzen Sie kleine Exemplare von Mutterkraut dazu, dann haben Sie den ganzen Sommer über Blüten. In einer kühlen schattigen Ecke fühlen sich Beinwell, Sauerampfer, Balsamkraut und Kerbel wohl. Für Hängeampeln gibt es inzwischen sogar Rosmarin in hängender Form. Alle drei bis vier Jahre sollten Sie Kräuter verpflanzen.

Die ideale Erntezeit liegt meistens vor der Blüte. Beispiele hierfür sind Minze, Oregano, Estragon, Kerbel, Kresse und Basilikum. Das beste Aroma haben Ihre Kräuter morgens, nachdem der Tau abgetrocknet ist. Wenn Sie nicht alle Blätter Ihrer Kräuter benötigen, lassen Sie für Bienen und Schmetterlinge einige blühen. Bei Pflanzen von denen Sie Samen ernten wollen, zum Beispiel Kümmel, Anis, Koriander oder Dill schneiden Sie die Samenstände ab, wenn diese sich braun färben. Sie müssen anschließend noch nachtrocknen. Da solche Samen schnell ausfallen, stecken Sie die Samenstände in eine Papiertüte und hängen diese so auf. Die ausfallenden Körner haben Sie anschließend in der Tüte und nicht auf dem Boden.

Da dieses Buch nicht als Gartenbuch gedacht ist, sollen diese wenigen Hinweise ausreichen. Allerdings gilt auch für Kräuter und Gewürze: Ausnahmen bestätigen die Regel. Wenn Sie anfangen, Kräuter zu kultivieren, werden Sie schnell merken, dass die Ansprüche der Pflanzen so vielfältig sind, wie deren Einsatzmöglichkeiten in der Küche.

## Aufbewahrung von Kräutern und Gewürzen

Alle Kräuter, die Sie nicht frisch im Garten, Kübel oder Topf haben, müssen Sie in irgendeiner Form aufbewahren. Frisch gekaufte Kräuter mit Stängel wie Petersilie können Sie wie Blumen in ein Glas Wasser stellen. Es geht auch, sie in einer Plastiktüte im Kühlschrank aufzubewahren. Allerdings nur für ein oder zwei Tage. Ansonsten werden die Pflanzen getrocknet oder auch eingefroren. Eingefroren sind sie meistens aromatischer als getrocknet. Allerdings können auch diese nicht mit den frischen konkurrieren. Wenn Sie getrocknete Kräuter in der Küche aufhängen, sind diese sehr dekorativ. Zum Kochen gehören sie trotzdem in ein verschlossenes Gefäß. Würzpflanzen, die getrocknet kaum noch Aroma haben, lassen sich in Öl oder Essig eingelegt konservieren. Estragon gehört dazu. Daher ist Estragonessig sehr beliebt. Sie können auch weiterer Kräuter in Essig einlegen. Eingesalzen ergeben sie das, was wir als Kräutersalz kennen.

Gewürze werden in dunklen Gefäßen aufbewahrt. Viele verlieren bereits nach sechs Monaten ihr Aroma. Es macht daher Sinn, alte Gewürze einfach einmal auszutauschen. Die Gefäße stellen Sie an einen trockenen und möglichst kühlen Ort. Das Regal direkt am Herd ist dafür nicht der richtige Platz. Und auch für Gewürze gilt genauso wie für Kräuter: frisch sind sie immer am besten. Das bedeutet, es lohnt sich, Pfeffer, Piment, Wacholderbeeren, Kümmel oder anderes als ganze Körner aufzubewahren. Sie werden erst kurz vor dem Gebrauch gemahlen oder zerdrückt und einige in einer fettfreien Pfanne geröstet. Zum Kochen brauchen Sie daher eine gute Gewürzmühle und mindestens einen Mörser. Körner zwischen zwei Lagen Papier gelegt, lassen sich gut mit einem Nudelholz zerkleinern.

Wie, wann und in welcher Menge Sie die einzelnen Kräuter und Gewürze an die Gerichte geben, ist sehr verschieden. Einige müssen mit kochen und andere dürfen dies auf keinen Fall. Manche werden gemahlen und weitere bleiben ganz. Es ist bei den Beschreibungen der Würzpflanzen jeweils mit erwähnt. Da es zusätzlich noch eine Rolle spielt, ob Sie gerade die Blätter, die Wurzel oder die Samen verwenden, sind die Varianten breit gefächert. Nicht umsonst wird von der Kunst des richtigen Würzens geschrieben. Sollen Gewürze doch dazu dienen, den Geschmack der Speisen zu unterstreichen und nicht, ihn zu überdecken.

„Kochkunst besteht darin, dass die Dinge den Geschmack haben, der ihnen eigen ist." So sagte einst Maurice Edmond-Saillant alias Fürst Kurnonsky. Er reiste bis 1956 als Gastrokritiker durch Frankreich und wird dort noch heute tief verehrt. Und schon der griechische Philosoph Epikur war der Meinung: „Der Weise aber entscheidet sich bei der Wahl der Speisen nicht für die größere Masse, sondern für den Wohlgeschmack."

# Verwendete lateinische Namen alphabetisch geordnet

| | |
|---|---|
| Agave americana | Agave |
| Alcea rosea | Stockrose |
| Allium sativum | Knoblauch |
| Allium schoenoprassum | Schnittlauch |
| Allium ursinum | Bärlauch |
| Aloysia triphylla syn. Lippa c triodora | Zitronenverbene |
| Alpinia officinarum | Galgant |
| Althaea officinalis | Eibisch |
| Anacyclus pyrethrum | Bertram |
| Anethum graveolens | Dill |
| Angelica archangelica | Engelwurz |
| Anthriscus cerefolium | Kerbel |
| Apium graveolens "dulce" | Sellerie |
| Armoracia rusticana | Meerrettich |
| Artemisia abroranum | Eberraute |
| Artemisia absinthium | Wermut |
| Artemisia dracunculus | Estragon |
| Artemisia vulgaris | Beifuß |
| Beta vulgaris | Zuckerrübe |
| Bixa orellana | Annatto (Orleanstrauch) |
| Borago officinalis | Borretsch |
| Brassica alba | Weißer Senf |
| Brassica juncea | Indischer Senf |
| Brassica nigra | Schwarzer Senf |
| Calendula officinalis | Ringelblume |
| Capparis spinosa "inermis" | Kapern |
| Capsicum annum | Paprika |
| Capsicum fructens | Chili |
| Cardamine pratensis | Wiesenschaumkraut |
| Carum carvi | Kümmel |

| | |
|---|---|
| Chrysanthemum balsamita | Balsamkraut/ Marienkraut |
| Chrysanthemum parthenium | Mutterkraut |
| Cinnamomum cassia | Kassia/ chinesischer Zimt |
| Coffea arabica / Coffea robusta | Kaffee |
| Coriandrum sativum | Koriander |
| Crocus sativus | Safran |
| Cucuema domestica | Gelbwurz/ Kurkuma |
| Cuminum cuminum | Kreuzkümmel/ Kumin |
| Cymbopogone citratus | Zitronengras |
| Elletteria cardamomum | Kardamom |
| Eugenia caryophyllis | Nelken |
| Ferula asafoetida | Teufelsdreck/ Asant |
| Filipendula ulmaria (Spirea ulmaria) | Mädesüß |
| Foeniculum vulgare | Fenchel |
| Galium odoratum | Waldmeister |
| Gentiana lutea | Gelber Enzian |
| Glycyrrhiza glabra | Lakritz |
| Humulus lupulus | Gemeiner Hopfen |
| Hyssophus officinalis | Ysop |
| Illicum verum | Sternanis |
| Inula helenium | Alant |
| Juniperus communis | Wacholder |
| Laurus nobilis | Lorbeer |
| Lavendula angustifolia (L. officinalis) | Lavendel |
| Lepidium sativum | Gartenkresse |
| Levisticum officinale | Liebstöckel |
| Mangifera indica | Mango/ Amchoor |
| Melilotus officinalis | Honigklee |
| Melissa officinalis | Zitronenmelisse |
| Mentha spicata | Echte Minze/ Krauseminze |
| Mentha x piperita | Pfefferminze |
| Murraya koenigii | Curryblatt |
| Myristica fragans | Muskat/ Muskatblüte |

| | |
|---|---|
| Myrrhis odorata | Süßdolde |
| Myrtus communis | Myrte |
| Nasturium officinale | Brunnenkresse |
| Nigella damascena | Damaszener Schwarzkümmel |
| Nigella sativa | Echter Schwarzkümmel |
| Ocimum basilicum | Basilikum |
| Origanum majorana | Majoran |
| Origanum vulgare | Origano |
| Papaver somniferum | Mohn |
| Petroselinum crispum | Petersilie |
| Pimenta dioica syn. P. officinalis | Piment |
| Pimpinella anisum | Anis |
| Piper nigrum | Pfeffer |
| Portulaca oleracea | Portulack |
| Poterium sanguisorba (Sanguisorba minor) | Bibernelle |
| Prunus mahaleb | Mahaleb/ Felsenkirsche |
| Rhus corioria | Sumach |
| Rosa | Rosen |
| Rosmarinus officinalis | Rosmarin |
| Rumex scutatus | Sauerampfer |
| Ruta graveolens | Raute / Wein- o. Gartenraute |
| Saccharum officinarum | Zuckerrohr |
| Salvia officinalis | Salbei |
| Salvia sclarea | Muskatellersalbei |
| Sambucus nigra | Holunder |
| Saturea hortens | Sommerbohnenkraut |
| Saturea montana | Winterbohnenkraut |
| Schinus terebinthifolius | Rote Pfefferkörner |
| Sesamum indicum | Sesam |
| Smyrnium olusatrum | Gelbdolde |
| Stevia rebaudiana | Stevia |
| Symhytum officinalis | Beinwell |
| Tamarindus indica | Tamarinde |

| | |
|---|---|
| Tanacetum vulgare | Rainfarn |
| Taraxacum officinalis | Löwenzahn |
| Theobroma cacao | Kakao |
| Thymus vulgaris | Thymian |
| Trachyspermum ammi (Carum ajowan) | Ajowan |
| Trigonella foenum-graecum | Bockshornklee/ Griechisch Heu |
| Tropaeolum majus | Kappuzinerkresse |
| Urtica dioica | Brennnessel |
| Vanilla planifolia fragans | Vanille |
| Viola odorata | Märzveilchen |
| Zanthoxylum piperitum | Anispfeffer/ Sichuanpfeffer |
| Zingiber officinale | Ingwer |

# Kurzes Glossar

*Aioli:* Knoblauchmajonnaise, die wie eine klassische Mayonnaise aus Eiern, Öl, etwas Zitrone, Salz und reichlich Knoblauch angerührt wird. Traditionelle Aioli besteht allerdings nur aus Knoblauch, Öl und Salz.

*Béchamelsauce:* Eine helle Sauce, für die als Grundlage helle Mehlschwitze zubereitet wird, zu der dann unter ständigem Rühren Milch gegeben wird. Man würzt sie mit Salz, weißem Pfeffer und etwas Muskat. Kurz vor dem Servieren kann Kerbel hinzugegeben werden.

*Bouillabaisse:* Eine Fischsuppe, für die traditionell mindestens sieben verschiedene Fische aus dem Mittelmeerraum und weitere Meeresfrüchte wie Langusten, Miesmuscheln und andere verwendet werden. Dazu kommen verschiedene Gemüse. Zur Boullabaisse gehören Safran, aber auch Orangenschale, Lorbeer, Thymian, Wermut und weitere Gewürze.

*Bouquet garni:* Ein Kräutersträußchen, welches in einem Kräutersäckchen den Gerichten beim Kochen zugegeben wird. Wenn diese gar sind, entnimmt man das Säckchen. Je nachdem, wofür es verwendet wird, besteht ein Bouqet garni aus verschiedenen Kräutern. Es gehören aber immer ein Stängel Petersilie, Lorbeerblatt und ein Zweig Thymian dazu. Zu Schweinefleisch kommen oft noch Salbei und Majoran. Bei der Zubereitung von Lamm enthält ein Bouquet garni auch Estragon und Rosmarin. Bei Geflügelfleisch sind es wieder andere Kräuter, je nach Rezept.

*Chili con Carne:* Für Chili con Carne wird Fleisch und Chili verwendet. Es muss nicht immer Hackfleisch sein. Auch die Bohnen können, müssen aber nicht in jedes Chili-con-Carne-Gericht. Fester Bestandteil sind neben Chili aber immer Knoblauch und Zwiebeln. In der mexikanischen Variante wird oft Kreuzkümmel verwendet.

*Crème brûlée*: Eine Vanillecreme, die mit knusprigem Karamel überzogen wird.

*Crème caramel*: Eine französische Variante von süßem Flan, welcher in Portugal, Spanien und Lateinamerika beliebt ist. Flan ist eine Speise aus Eiern, Zucker und Milch.

*Chutney:* Zubereitung aus Früchten und Gemüse, die einzeln oder gemischt mit Hilfe von Essig und Gewürzen konserviert werden. Sie können süß-sauer schmecken oder auch als dunkle Chutneys kräftig würzig.

*Curry:* Das Pulver ist eine Erfindung der Engländer, die damit die zahlreichen Gewürzmischungen der indische Küche imitierten. Europäisches Currypulver unterscheidet sich von den indischen Currymischungen dadurch, dass es kein Kardamom enthält, dafür aber Bockshornklee, Senfsamen und Kurkuma, welches für die typische Farbe sorgt. Currypulver können verschieden sein und aus weit mehr als zehn Gewürzen bestehen.

*Fleur de Sel:* ist ein Meersalz, welches durch die Verdunstung von Meerwasser entsteht. An windstillen und besonders heißen Tagen kristallisiert an der Oberfläche der Saline eine dünne Schicht Salz aus. Sie wird mit einem Werkzeug aus Holz per Hand abgeschöpft. Fleur de Sal ist die spanische und portugiesische Bezeichnung. Solches Salz ist kostbar und wird entsprechend verwendet. Zum einfachen Kochen von Kartoffeln sollten Sie es nicht nehmen.

*Fünf-Gewürz-Pulver – chinesisch:* ist eine häufig verwendete Gewürzmischung aus fünf bis sieben Gewürzen der asiatischen Küche. Es können chinesischer Zimt (Kassis), Anispfeffer, Sternanis, Ingwer, Nelken oder Fenchelsamen sein.

*Fünf-Gewürz-Pulver Panch Foron:* sind fünf Gewürze gemischt in gleichen Teilen. Es sind Schwarzer Senf, Kreuzkümmel, Fenchel, Schwarzkümmel und Bockshornkleesamen.

*Garam Masala:* eine sehr alte indische Gewürzmischung, die den Speisen kurz vor dem Ende der Garzeit hinzugegeben wird. Zu ihr gehören traditionell Kardamom, Gewürznelke, Zimt, schwarzer Pfeffer und eventuell Muskatnuss. Die Gewürze werden geröstet und gemahlen. Indische Köche variieren ihr Garam Masala selbst.

*Genueser Pesto:* eine ungekochte Mischung aus fein gehacktem Knoblauch, Schafskäse, Pinienkernen, Olivenöl und Basilikum, die meist zu Nudeln gereicht wird. Eine andere Bezeichnung ist Pesto alla genovese.

*Gravad Lax:* ist eine skandinavische Spezialität, bei der Lachs mit grobem Salz und frischem Dill trockengebeizt wird. Es ist kein geräucherter Lachs. Dazu wird gerne eine kalte Senfsauce mit viel Dill gereicht. Sie ist im Deutschen als Graved-Lachs-Sauce bekannt.

*Grüne Pfeffersoße:* ist eine leicht scharfe Sauce, die gerne zu Steaks und gebratenem Fleisch serviert wird. Die Schärfe erhält die Sauce durch die Verwendung von grünem Pfeffer.

*Halva:* ist eine süße Spezialität, die in vielen Ländern von Osteuropa bis Zentral- und Vorderasien beliebt ist. Die Grundmischung besteht aus einem Mus von Ölsamen und Zucker beziehungsweise Honig. Durch Zugabe von Nüssen, Kakao, Vanille, Mandeln oder Pistazien variiert die Leckerei. Sie ist in Deutschland als Türkischer Honig bekannt.

*Hamantaschen:* süßes Gebäck der jüdischen Küche aus Hefe- oder Strudelteig, gefüllt mit Mohn oder Pflaumenmus.

*Harissa:* eine scharfe Würzmischung, die aus Chilischoten, Knoblauch und verschiedenen Gewürzen (Kreuzkümmel, Koriandersamen), Salz und Olivenöl hergestellt wird. Harissa gehört fest zur nordafrikanischen und zur arabischen Küche.

*Hildegard von Bingen:* Benediktinerin (1098 bis 1136), welche bereits im Mittelalter Abhandlungen über Pflanzen und deren Wirkung schrieb. Sie wird heute verehrt als eine Frau mit großem Einfluss auf die Volksmedizin. Der Begriff Hildegard-Medizin ist allerdings eine Schöpfung neueren Datums und wurde zu Marketingzwecken eingeführt.

*Hummus:* orientalische Sesam-Kichererbsen-Paste, die mit weiteren Gewürzen wie Knoblauch, Kreuzkümmel und Petersilie abgeschmeckt sein kann. Hummus ist im gesamten Nahen Osten verbreitet und wird oft als Vorspeise mit Fladenbrot gereicht.

*Kolumbus, Christoph:* lebte von 1451 bis 1506, war als Seefahrer auf der Suche nach Indien und fand 1492 Amerika. Von dort kamen anschließend zahlreiche Pflanzen nach Europa, so der Chili, aber auch Paprika, Tomaten und die Kartoffel.

*Kuskus (Couscous):* gehört zur nordafrikanischen Küche. Es ist keine spezielle Getreidesorte, sondern grobkörniger Gries aus Weizen oder Hirse. Er wird befeuchtet und zu Kügelchen geformt und dann über einem heißen Gemüse- oder Fleischeintopf im Dampf gegart. Man bezeichnet sowohl den Gries selbst als auch die Gerichte daraus als Kuskus. Diese können warm oder auch kalt serviert werden.

*Likör Chartreuse:* ist der Name für mehrere Liköre aus der Region Chartreuse in Frankreich (bei Grenoble). Sie werden von Kartäusermönchen hergestellt.

*Paella:* Nationalgericht aus Valencia. Es ist ein inzwischen weit verbreitetes spanisches Reisgericht, bei dem der Reis traditionell mit Safran leuchtend gelb gefärbt wird. Die Zutaten können je nach Region und Rezept verschieden sein.

*Pasteten:* sind im Teigmantel gebackene Füllungen, die aus fein gehacktem oder durch den Fleischwolf gedrehtem Fleisch oder Gemüse zubereitet wurden. Diese Füllung ist oft sehr würzig und wird mit Sahne oder Eiweiß gebunden.

*Pilaw (Pilau):* ist ein ursprünglich orientalisches Reisgericht. Es gibt viele verschiedene Pilaw-Rezepte mit Fleisch, Gemüse aber auch mit Früchten wie Aprikosen oder Kirschen.

*Souce béarnaise:* ist etwas dickflüssiger und pikanter als eine Sauce Hollandaise. Diese ist eine helle Sauce, die aus Eigelb, Butter, Zitrone, Salz und weißem Pfeffer mit etwas Übung zubereitet wird. Zur Sauce Bearnaise gehören zusätzlich noch Weißwein und Estragon.

*Souffles:* eine luftige Speise, die aus einer geschmacksintensiven Sauce oder einem Pürree und untergeschlagenem steifen Eischnee zubereitet wird. Im Ofen dehnt sich der Eischnee, so dass ein Soufflé eine bemerkenswerte Höhe erreicht. Es kann süß oder auch herzhaft sein.

*Steak tatare:* auch einfach als Tatar bekannt. Es ist Hackfleisch vom Rind (Schabefleisch) und wird aus dem sehnen- und fettfreien Muskelfleisch, also aus Filet hergestellt.

*Vasco da Gama:* lebte als portugiesischer Seefahrer von 1469 bis 1524 und entdeckte den Seeweg nach Indien über Südafrika. Er schuf damit die Grundlage für Portugals Reichtum dieser Zeit und sicherte dem Land für lange Zeit das Monopol im europäischen Gewürzhandel.

*Worcestershire-Sauce:* ist eine würzige Sauce, die aus Sojasauce, Essig und mehreren Gewürzen nach firmengeheimen Rezept hergestellt wird. Man verwendet sie nur tropfenweise zum Verfeinern einiger Gerichte oder reicht sie direkt als Würze zu Tisch.

# Bezugsquellen und interessante Webseiten

Für viele Gewürze und Kräuter ist der heimische Markt vor Ort ein möglicher Anlaufpunkt. Seltene Pflanzen, exotische Gewürze und ausgefallene Gewürzmischungen sind im Internet inzwischen leicht zu bestellen. Die hier aufgezählten Bezugsquellen sind nur eine kleine Auswahl und sollen nicht als Werbung für die Firmen verstanden werden. Es gibt neben diesen noch zahlreiche weitere ebenso empfehlenswerte Unternehmen.

Rühlemanns-Kräuter: rund 1300 Samen und Pflanzen im Angebot. Umfangreich und nach eigenen Erfahrungen gut.
http://www.kraeuter-und-duftpflanzen.de/

Samen-Profi: nicht so umfangreich wie Rühlemanns-Kräuter, aber gut sortiert und übersichtlich.
http://www.samen-profi.de/

Dreschpflegel: Bio-Saatgut, viele alte Sorten, empfehlenswert!
http://www.dreschflegel-shop.de/index.php

Arche-Noah-Shop: hier finden Sie seltene Gemüse- und Kräutersamen. Der Verein Arche Noah setzt sich für die Erhaltung und Verbreitung von alten Nutzpflanzensorten ein.
http://shop.arche-noah.at/index.php/

Baumschule Eggert: zahlreiche Bäume, Sträucher und Stauden, darunter viele Gewürze. Nach eigener Erfahrung empfehlenswert.
http://www.eggert-baumschulen.de/

Bremer Gewürzkontor: bietet Gewürze und Gewürzmischungen in großer Auswahl an. Selbst ausprobiert, bin zufrieden. Die Käufer haben

die Möglichkeit, die Waren zu bewerten und zu kommentieren. Sie tun dies reichlich, was durchaus nützlich ist.
http://www.bremer-gewuerzhandel.de/

Kräuter-Reich: bietet Saatgut und Gewürze an sowie preiswerte Gewürzgläser aus braunem Glas für 100 und 250 Milliliter.
http://www.kraeuter-reich.de/index.php

Kräuterallerlei: zum Stöbern und Informieren (kein Shop) – empfehlenswert.
http://www.kraeuterallerlei.de/

Kräuter-Almanach: sehr umfangreiche Pflanzenbeschreibung mit Anbauhinweisen. Von den Beschreibungen aus gelangen Sie direkt zum Online-Shop Kraeuter-Reich.
http://www.kraeuter-almanach.de/

# Bibliographie

*Kräuter und Gewürze – Die feine Kunst der richtigen Anwendung –*
*Unipart Verlag Stuttgart 1994 - 291 Seiten- ISBN: 3 8122 3364 9*
Das Buch ist ein Führer durch die Welt einheimischer und exotischer
Kräuter, Gewürze und Aromen. Reich bebildert, Kapitel zur Geschichte,
zur traditionellen Verwendung, über ungewöhnliche Gewürze und
Gewürzmischungen. Hinweise zum Kauf und zur Lagerung. Von Seite
38 bis 212 ein ausführlicher Teil, in dem die Pflanzen vorgestellt wer-
den, einschließlich jeweils mit einem Rezept. Im letzten Teil folgt der
Anbau von Kräutern.

*Das große Buch der Kräuter – Lesley Bremness – AT-Verlag 2001 – 286*
*Seiten – ISBN: 3-85502-338-7* - Dieses Buch geht nicht nur auf Kräuter
in der Küche ein, sondern beschreibt sie auch für den Haushalt, für
kosmetische Zwecke und als Schmuck. Zwei umfangreiche Kapitel
widmen sich dem Anbau im Garten.

*Würzen – einfach besonders, besonders einfach – Bettina Matthaei –*
*Gräfe und Unzer Verlag 2004 – 216 Seiten – ISBN: 3-7742-6197-0*
Gewürze sortiert nach Geschmacksrichtung und Verwendung. Tipps,
was zusammenpasst und Rezepte. Das Buch macht Lust auf mehr Ex-
perimente in der Küche. Viele Informationen zu Gewürzmischungen.
Interessant ist eine Sammlung von Rezepten, in denen immer nur ein
Gewürz den Schwerpunkt bildet.

*Das Handbuch der Gewürze – Würzkunst, Warenkunde und 100 Rezep-*
*te – Sallie Morris und Lesley Mackley – Kaleidoskop Buch 2002 – 256*
*Seiten - ISBN: 3-88472-592-0-* Die ersten 120 Seiten befassen sich mit
Gewürzen, Gewürzmischungen und deren Verwendung, die folgenden
120 Seiten sind voll mit Rezepten sortiert nach Suppen, Meeresfrüchten, Fleisch und so weiter. Ein schönes Buch für das Auge, zum Nach-
schlagen und Nachkochen.

*Heilpflanzen gestern und heute – Dr. Hans-Peter Dörfler und Prof. Dr. Gerhard Roselt – Urania-Verlag Leipzig / Jena / Berlin 1989 – 335 Seiten-* 150 Heilpflanzen Mitteleuropas in Wort und Bild (Zeichnungen), wobei der Schwerpunkt auf den Heilwirkungen der Pflanzen liegt. Gleichzeitig werden das Vorkommen und die Art der Ente beschrieben, so dass der interessierte Gärtner in den Pflanzenbeschreibungen nützliche Hinweise findet.

*Bekannte und vergessene Gemüse – Geschichte, Rezepte, Heilkunde - Wolf-Dieter Storl und Paul Silas Pfyl – Piper Verlag 2011 – 324 Seiten – ISBN: 978-3-492-24727-6 -* Die Kapitel über Paprika, Sellerie und Senfblatt waren hier von Interesse. Alle, die sich für Nutzpflanzen jeder Art und für deren traditionelle Verwendung interessieren, werden dieses Buch mit Spannung lesen.

*Kursbuch gesunde Ernährung – Die Küche als Apotheke der Natur – Ingeborg Münzing-Ruef – Heyne Verlag 2000 – 608 Seiten – ISBN: 978-3-453-12256-7 -* Umfassende Buch zum Thema der gesunden Ernährung. Hier werden nicht nur Gemüse, Obst, Getreide, Keime, Sprossen, Hülsenfrüchte und mehr erläutert, sondern auch Hintergründe und Zusammenhänge verständlich dargestellt. Es widmet den Kräutern und Gewürzen ein ganzes Kapitel.

*Fünf Pflanzen verändern die Welt – Henry Hobhouse – Klett-Cotta Verlag im Deutschen Taschenbuchverlag 1992 – 349 Seiten – ISBN: 3-423-11498-3 -* Der Autor betrachtet die Geschichte der Menschheit unter besonderer Berücksichtigung von Pflanzen. Er geht auf Chinarinde, Zucker, Tee, Baumwolle und die Kartoffel ein. Das Kapitel über Zucker lieferte die hier verwendeten Zahlen zum Zuckerverbrauch.

*Die große Schule des Kochens – Zutaten, Techniken, Rezepte – Anne Willan – Buchgemeinschafts-Lizenzausgabe 1994 – 527 Seiten* Sehr umfangreiches Nachschlagewerk zum Thema Kochen - sehr empfehlenswert. Bei der Erstellung des Glossars erwies es sich als ausgesprochen hilfreich. Das Buch ist als Kochschule gedacht und kanr so auch genutzt werden, denn es beschreibt viele Techniken bei der Zubereitung von Speisen detailliert in Wort und Bild.

*Meine Reise in die Welt der Gewürze – Alfons Schubeck – Verlag Zabert Sandmann 2011 – 391 Seiten – ISBN: 978-3-89883-297-7* Ein Buch für das Auge, zum Stöbern und Schmökern und eines, welches zum Kochen einlädt. Es beschreibt neben verschiedenen Gewürzregionen von Marrakesch bis Istanbul auch typische Gewürzmischungen. Wer zu seinen Gewürzen wissen will, welche Geschichten sich mit diesen verbinden, der sei eingeladen, sich dieses Buch zu gönnen. In den 150 enthaltenen Rezepten stossen Sie auf mehrere der hier im e-Book beschriebenen Kräuter und Gewürze.

# Über die Autorin

Heike Dommnich arbeitet als freie Autorin und schreibt für verschiedene Internetportale. Mehrere Ihrer Artikel finden Sie auf der Webseite Suite101.de, unter experto.de und auf der Ratgeberseite helpster.de..

Als Imkerin und leidenschaftliche Gärtnerin hat sie eine besondere Beziehung zu Kräutern und Gewürzen. Nicht nur sie selbst liebt Kräuter, auch ihre Bienen fliegen die Blüten gern als Bienenweide an. Alle im Buch verwendeten Bilder hat sie selbst fotografiert und das Acrylbild auf Seite 73 selbst gemalt.

Ausnahmen sind die folgenden drei Fotos:
Majoran: Sigrid Roßmann / pixelio.de
Kerbel: Joujou / pixelio.de
Beifuß: Wikipedia / Christian Fischer

Dieses Buch erhebt nicht den Anspruch auf Vollständigkeit. Die beinahe unerschöpfliche Zahl der Würzkräuter und Gewürze macht eine komplette Übersicht in diesem Rahmen nicht möglich. Dennoch hoffe ich, dass ich Ihnen Anregungen geben konnte, nun mit Neugierde in Ihrer Küche zu experimentieren. Über Lob und Kritik Ihrerseits freue ich mich. Gerne können Sie mit mir in Kontakt treten.

Kontakt: heike.dommnich@web.de / www.heikedommnich.de